블록체인, 4차 산업혁명의 열쇠!

# 이더리움 베이직

스마트 컨트랙트 입문에서 DApp 구현까지

고려대학교 블록체인 연구회
조수현 · 이정빈 · 박재용 · 이대건 · 인호 공저

BOOK STAR

## 머리말

　지금 세계는 소프트웨어·디지털 혁신을 전 산업에 적용하는 4차 산업혁명으로 넘어가고 있습니다. 4차 산업혁명 시대의 주요 신성장 산업은 무인자동차, 3D 프린터, 가상현실, 지능형 드론, 사물인터넷, 지능형 로봇입니다. 신성장 산업을 뒷받침해 주는 핵심 기술이 인공지능(AI)과 빅데이터 기술입니다. 일례로 무인 자율 자동차는 인공지능이 없이는 개발이 불가능합니다. 이와 같은 핵심 기술은 신성장 산업의 엔진이며, 나무에 비유하면 물과 양분을 나르는 줄기와 같습니다. 그리고 블록체인 기술은 신성장 산업의 뿌리와 같습니다.

　성공적인 인공지능과 빅데이터 기술의 전제 조건은 데이터인데, 인공지능은 수많은 데이터를 통해 학습하고 빅데이터는 데이터가 많아야 제대로 된 분석을 내놓기 때문입니다. 문제는 양질의 데이터를 모아야 하는데 이것이 매우 어렵습니다. 인터넷에서 정보를 신뢰성 있게 제공하는 데 필요한 비용은 매우 비싸며, 더불어 해킹의 위협에 대비하기 위해 막대한 돈을 지출하고 있습니다. 그런데 블록체인 기술을 이용하면 이와 같은 비용의 지출을 절약할 수 있다는 장점이 있습니다.

## 블록체인은 무엇인가?

블록체인은 믿지 못하는 당사자들이 데이터 또는 신뢰 자산(전자화폐, 부동산계약서, 전자 투표지, 지적재산권 등)을 안전하게 전달, 교환, 저장하는 차세대 인터넷 기술입니다. 블록체인을 이용하면 데이터 및 자산 거래의 신뢰성을 쉽고 값싸게 제공할 수 있습니다.

또한, 거래 장부인 데이터뿐 아니라 거래 계약도 블록체인을 통해 중간 신뢰 담당자(Trusted Third Party) 없이 거래를 할 수 있습니다. 이를 스마트 계약이라 합니다. 이것은 주식 거래가 개인 대 개인으로 직접적으로 이루어지고 중간자인 증권거래소가 없어도 신뢰성 있게 이루어지는 것을 의미합니다.

《블록체인 혁명》의 저자 돈 탭스콧 회장은 2050년에는 블록체인 기반 스마트 계약으로 사장과 직원이 없는 가상 회사가 대기업과 경쟁할 것을 예언하고 있습니다. 이는 글로벌 대형 보험사는 지고 블록체인을 기반으로 하는 가상 보험회사가 뜨는 것을 의미합니다.

그뿐만 아니라 사물인터넷을 이용하여 개인 건강 정보의 위·변조를 불가능하게 하는 블록체인 기반 가치 네트워크(Value Network)를 통해 가상 보험사에 거래가 되고, 그 정보에 따라 보험료가 산정될 수 있습니다. 이로써 보다 낮은 보험료가 책정이 될 수 있습니다.

블록체인은 금융, 헬스 케어 분야뿐 아니라 정치, 공공, 그리고 행정 서비스에서도 혁신과 투명성을 높일 수 있습니다. 예를 들어 블록체인이 전자 투표에 응용되면 투표의 행정 비용이 획기적으로 낮아져 직접 민주주의가 가능하게 되고 스마트 계약으로 모든 공공 및 행정 서비스가 투명해 질 수 있습니다. 이를 위해 블록체인 기반의 분권, 자율, 수평적 행정을 위한 정부 4.0 마스터 플랜이 필요합니다.

이러한 블록체인은 데이터 및 자산·거래의 신뢰성을 제공하여 거래 비용의 효율성을 높일 수 있으며 인공지능과 빅데이터에 사용되어 무인 자동차, 지능형 로봇, 사물인터넷 등 4차 산업혁명의 신성장 산업의 핵심 인프라로 활용될 수 있습니다.

## 미래를 위한 우리의 준비

2016년 다보스포럼에서는 전 세계 GDP의 10%가 블록체인에서 거래가 된다고 발표했습니다. 또한, 블록체인 기술을 적용할 경우 금융사는 거래 비용의 약 30%를 절감할 수 있고, 이는 2022년 기준으로 200억 달러에 달할 것으로 추정되고 있습니다. 세계경제포럼(WEF)에서는 2017년 안에 전 세계 은행의 80%가 블록체인 기술을 도입할 것이라고 전망하였습니다.

외국 각국의 정부는 발 빠르게 블록체인 관련 규제를 풀고 달려가고 있고, 외국 글로벌 기업은 블록체인의 기술을 개발하고 확보하기 위해 사활을 걸고 치열하게 경쟁하는데, 정작 우리나라는 Positive 규제라는 낡은 틀에 갇혀 새로운 서비스를 시도조차 하지 못하고 있는 실정입니다.

예를 들어 2016년 영국에서는 사물인터넷 지원 규제 계획을 수립하고, 역량 확대를 위한 IoTUK 정책을 개시하고 블록체인 기술의 연구·개발에 2015년에는 약 140억 원(2015년), 2016년에는 약 212억 원을 투자하였으며, 호주는 블록체인을 국가 미래 기반 기술로 선정, 블록체인 전용 연구센터를 설립하고 다양한 시범 사업(CSIRO's Data61)을 진행 중입니다. 중국은 위안화를 위한 블록체인 기반 전자화폐를 추진하고 31개의 중국 회사를 묶어 블록체인 협의체인 China Ledger Alliance를 발족했으며, 일본은 비트코인을 전자화폐로 인정하고 2020년 하계올림픽을 위해 다양한 시범 사업을 진행하고 있습니다.

하지만 우리나라는 블록체인 기술의 중요성을 아직 인식하지 못하고 있습니다. 그나마 금융위원회 주도로 은행권 블록체인 컨소시엄과 자본시장 블록체인 컨소시엄이 만들어져 시범 사업을 논의 중에 있습니다. 하지만 앞서 지적했듯이 Positive 규제로 인해 새로운 서비스를 시도해 볼 수 없는 상황입니다. 예를 들어 기획재정부는 지난 1월 13일, 블록체인 기반의 최초 전자화폐인 비트코인을 이용한 국외 송금을 외국환 관리법에 위반된다는 이유로 불법으로 규정하였습니다[1][2].

블록체인 기술의 개발은 우리나라의 정보 주권을 지키는 길입니다. 메인프레임이 개인용 컴퓨터(PC)로 바뀌는 시기에 Microsoft가 Windows라는 운영 체제로 전 세계 컴퓨터 시장을 장악했고, 인터넷과 모바일 시대로 바뀌면서 Google의 Android라는 운영 체제로 스마트폰 시장을 장악했습니다. 이제 사물인터넷 등 4차 산업혁명의 시대가 되었습니다. 4차 산업혁명의 운영 체제라고 할 수 있는 블록체인을 누가 주도하느냐에 따라 세계 경제의 판도가 바뀔 수 있습니다. 이것이 우리가 블록체인 기술의 개발 및 확보에 사활을 걸어야 하는 이유입니다. 만약 실패한다면 우리나라 국민의 금융 자산이나 헬스 데이터가 외국 기업이 주도하는 블록체인에 저장, 관리, 거래가 되어 의존도가 심화될 것입니다.

---

1) 노컷뉴스, "비트코인 해외송금은 불법? '정부 엇박자'에 업체 울상" http://www.nocutnews.co.kr/news/4726042
2) 머니투데이, "핀테크업체 '비트코인 송금' 외국환거래법 위반 논란" http://news.mt.co.kr/mtview.php?no=2016101610325631005

"변화는 참으로 어렵다. 그러나 살아남으려면 변해야 한다."

시스코의 존 챔버 최고경영자의 말입니다. 우리는 지금까지 성공 방식을 고집하지 말고 새로운 환경에 맞도록 우리 모두 변해야 합니다. 4차 산업혁명 시대에는 단순히 기술 개발만으로 성공할 수 있는 것이 아니라 조직 문화를 바꿔야 성공할 수 있습니다. Fast-Follower에 적합한 중앙 집권적, 수직적, 통일적인 Top-Down의 사고에서 벗어나 First-Mover에 적합한 분권적이고 수평적이며 자율적인 Down-Up 방식으로 바꿔야 합니다. 블록체인은 이런 분권적, 수평적, 자율적 사고방식을 시스템으로 지원해 줄 것입니다.

혁신은 새로운 시장을 만드는 것이 아니라 시장의 주체를 바꾸는 것입니다. 블록체인 기술로 금융, 헬스 케어, 사물인터넷, 공공 및 행정 서비스, 정치 등 모든 분야의 주체가 바뀌고 있습니다. 다가오는 미래에는 세계 시장을 선도하는 선진 대한민국을 기대합니다.

고려대학교 컴퓨터학과 교수 인호

　가장 먼저 항상 저에게 응원을 해주시는 저의 가족! 아버지, 어머니, 그리고 형과 여동생에게 감사드리며, 외할아버지와 외할머니를 비롯한 친지 분들께 감사의 말씀을 전합니다.

　이더리움을 주제로 책을 집필하는 과정까지 가르침을 주시고 지도를 해주신 저의 지도교수님이신 고려대학교 인호 교수님께 감사드립니다. 또한, 적극적으로 집필에 참여한 연구실의 선후배, 이정빈 박사과정과 석박사 통합과정 이대건 군, 박재용 군에게도 감사의 말을 전합니다. 방학 내내, 그리고 추석 연휴 기간에도 쉬지 못하고 집필에 매진하느라 고생 많았습니다.

　도서출판 광문각 박정태 회장님을 비롯하여 관계자분들께 감사드립니다. 사실 다소 생소한 주제이고, 또 그러한 주제로 집필한다는 것이 모험일지도 모르는 상황임에도 불구하고 흔쾌히 출판을 진행해 주신 점 진심으로 감사드립니다.

　자주 회포를 나누는 합정역 오 사장과 석우, 형규와 동주, 그리고 언제나 인생의 등대가 되어 주시는 MIM의 곽 사장 형님과 광덕 형님에게도 감사를 드립니다. 하는 일마다 항상 번창하길 바랍니다.

　마지막으로 제가 책을 집필할 수 있도록 배려하고 희생해 준 은정, 영채, 그리고 영아에게 크게 감사합니다. 아마 세상 그 어디에서도 이렇게 멋진 가족을 만날 수 없을 것입니다. 모든 순간, 모든 기억을 소중하게 간직할 것입니다. 그동안 회사와 학업, 그리고 집필로 인해 충분히 하지 못했던 일들을 위해 더 많은 시간을 함께할 것을 약속합니다.

지면에 모두 언급하지 못했지만 고마우신 많은 분들 덕분에 무사히 마칠 수 있었습니다.

감사합니다. 감사합니다. 감사하고 고맙습니다.

2017년 가을,
조수현


저에게 선뜻 공동 집필을 제안하고, 뜻을 같이해 준 동료들이 있었기에 지금의 결실을 맺을 수 있었습니다. 직장 생활과 학업을 병행함에도 불구하고 그 누구보다 앞장서서 집필을 이끌어 주셨던 조수현 박사과정, 저보다 더 큰 열정과 책임감을 가지고 집필에 임해준 박재용, 이대건 석박통합과정 연구원에게 존경과 감사함을 표합니다. 또한, 저의 지도 교수님이시자 스승님, 그리고 무한한 긍정의 멘토이신 인호 교수님에게 감사의 뜻을 전합니다. 국내에선 황무지와 다름없었던 블록체인의 가능성을 전파하시고, 대중화에 앞장서신 교수님의 가르침이 아니었더라면 지금의 이 책은 세상의 빛을 보지 못했을 겁니다.

이제는 평온한 노후를 보내셔야 하는데 아직까지도 공부만 하고 있는 불효자를 두신 어머님께 항상 죄송하고 또 감사드립니다. 세상에 둘도 없는 말괄량이 딸인 규린, 그 뒤를 이어 집필 중에 태어난 규은, 그리고 집필을

핑계로 소홀한 와중에도 훌륭한 엄마로 또는 사랑스러운 아내로서 희생을
마다하지 않은 재은이에게도 고맙고, 감사하다고 말해 주고 싶습니다.

2017년 화창한 가을 하늘 아래,
이정빈

　다른 분들이 이미 좋은 말 대잔치를 잘 해주셨습니다. 저도 연구실 선배
님들과 교수님께 감사 인사를 드립니다.
　먼저, 이더리움이라는 다소 어렵고 생소한 주제로 책을 집필하자고 제안
하신 수현 선배님에게 감사를 표합니다. 직장 일 때문에 바쁘심에도 직장
과 2시간 거리에 있는 학교에 매주 찾아와 주서서 죄송했습니다. 그리고 함
께 적극적으로 집필에 참여하신 정빈 선배님과 대건 선배님에게도 감사를
표합니다. 연구실 선배님들의 지식이 더해진 덕분에 책을 완성할 수 있었
습니다. 다들 방학 기간, 연휴 기간, 시험 기간 동안 바쁘신 와중에 열심히
집필에 참여해 주서서 감사합니다. 이번에 책 집필이라는 큰 경험을 얻어
갑니다. 또한, 연구실 지도교수님이신 고려대학교 인호 교수님께 감사 인
사를 드립니다. 저희들이 연구실에 모인 것은 우연일지 몰라도, 저희들이
집필에 참여하게 된 것은, 블록체인과 스마트 컨트랙트에 대한 교수님의
무한한 사랑과 관심 때문인 것 같습니다.

2017년 10월,
박재용

어렸을 적의 읽었던 대단한 글들은 저에게 영감을 주었고, 언젠가부터 인지 저는 글을 써 보고 싶다는 열망을 품고 살아왔습니다. 슬프게도 지금까지 이루어지지 않았습니다만, 연구 중인 분야로 글을 쓸 기회가 생겨서 비록 한 챕터이지만 집필을 할 기회를 얻게 되었습니다. 어린 시절의 꿈이 이루어진 것 같은 기분이고, 제 인생에 있어서 커다란 경험과 추억으로 남을 것 같습니다.

항상 저를 지지해 주시고 사랑해 주시는 부모님께 감사의 말씀을 올립니다. 좋은 기회를 주신 조수현 선배님과 지도교수님이자 저의 롤 모델인 인호 교수님께 감사와 존경을 전하고 싶습니다. 원고를 읽고 검토해 주신 이정빈 선배님, 재용이가 없었더라면 정말 형편없는 글이 나왔을지도 모르겠습니다. 이 책을 펴내는 데 도움을 주신 출판사 관계자분들에게 감사의 말씀을 전합니다. 마지막으로 독자님들께 감사드리며, 독자님께서 무언가를 얻어 가신다면 가문의 영광이겠습니다.

2017년 늦가을 어느 날,
이대건

# 목차

블록체인, 4차 산업혁명의 열쇠!

# 이더리움 베이직

스마트 컨트랙트 입문에서 DApp 구현까지

## CHAPTER 4.　솔리디티 프로그래밍　123

## CHAPTER 5.　다양한 예제들　　289

 CHAPTER 1

# 블록체인과 비트코인

반갑습니다! 블록체인의 세계에 오신 여러분을 환영합니다. 이 책은 이더리움과 이더리움으로 구현하는 어플리케이션을 다루고 있지만, 그 전에 먼저 이더리움의 근간인 블록체인과 큰형님 격인 비트코인에 대해 알아봅니다. 블록체인은 다가오는 미래, 사물인터넷이 일상이 된 사회에서 시스템의 운영 비용을 최소화하는 획기적인 기술이 될 것입니다. 그럼 시작해 볼까요?

# 비트코인 개요

## 1.1.1 화폐와 가치에 대한 소고

물건을 사고 대가를 치루는 행위는 인류가 문명을 이루기 전, 원시 사회부터 물물교환이라는 이름으로 존재했습니다. 처음에는 물건 대 물건으로 교환을 했지만 이내 금, 은 등의 귀금속으로 대체되었고, 이후 화폐가 출현함에 따라 다양한 화폐로 대체되었죠. 20세기 이후로는 신용카드가 보편화되었습니다.

[그림 1] 화폐의 변천사

사실 물물교환이든 화폐든 중요한 것은 물건의 가치를 대신할 수 있는지의 여부입니다. 즉, 여기서 돈은 가치를 계량화하고 저장하며 교환하기 위한 수단입니다. 오늘 우리는 돈의 가치에 대해 다시 생각해 볼 필요가 있습니다. 한낱 종이에 지나지 않는 돈이 가치를 지니는 이유는 물건 또는 서비스를 제공할 수 있는, 다시 말해 경제의 구성원들의 약속이 있기 때문입니다. 돈 자체의 가치는 종이쪼가리에 지나지 않을지라도 구성원들이 사용할 수 있다는 신뢰를 가지고 있다면 엄청난 권한을 지니게 됩니다. 화폐는 가치의 손쉬운 운반과 보관이 가능하도록 하였고, 이를 통해 더 많은 부를 차지하려는 움직임은 더 많은 이로 하여금 사회적 관계를 맺도록 하였습니다. 즉, 인류 문명의 발전은 화폐의 발전과 함께 했다고 해도 과언이 아닙니다.

우리가 오늘 날 1달러를 1달러로서 받아들이는 이유는 역시나 사회적인 합의가 있기 때문입니다. 이 종이 한 장은 1달러만큼의 가치를 인정하자는 사회적인 계약서입니다. 그리고 이 계약은 절대로 복제되거나 훼손되지 않으므로 확실하게 보장된다는 믿음에 기반을 두고 있습니다. 가령 예를 들어 신뢰가 훼손되는 화폐는 가치가 하락할 것입니다.

[그림 2] 신뢰의 상실로 가치의 하락을 면치 못한 짐바브웨 달러

짐바브웨 달러는 화폐에 대한 신뢰가 무너졌을 때 어떤 결과가 나타나는지 보여주는 대표적인 사례입니다. 물건의 가치에 비해 가치가 무의미해진 화폐는 인플레이션의 고공 행진을 일으켰고, 그에 따라 물가가 반나절마다 오르는 사태까지 벌어졌다고 합니다.

오늘날 세계 각국은 매년 일정량씩 자국의 화폐를 발행합니다. 이러한 권한을 발권력이라고 합니다. 발권력을 동원하여 화폐의 발행량을 늘리면 가치가 그만큼 하락하기 때문에 이론적으로 물가가 상승합니다. 일반적으로 물가가 상승한다고 하면 부정적인 생각이 들게 마련이지만, 물가가 오르는 만큼 생산물과 노동력의 단가도 상승함은 물론 기업도 더욱 많은 돈을 벌기 위해서 투자를 통한 일자리 창출을 유발하므로 임금이 오르는 현상을 불러오기도 합니다. 그러므로 경제 성장을 위해 일부러 적당한 수준의 인플레이션을 유도하기도 합니다.

즉, 화폐로서 인정받기 위한 선결 조건은 사회적 합의와 적당한 발행, 이렇게 두 가지가 있다고 말할 수 있습니다. 특히 지금까지의 화폐는 공신력 있는 국가기관만이 발권력을 가짐으로써 이러한 조건을 충족시키고 있습니다. 만약 발권의 측면에서 삼자가 개입할 수 있는 여지가 있다면(즉 신뢰를 주지 못한다면), 그 화폐는 가치를 잃게 될 것입니다.


## 1.1.2 가상화폐와 돈

비트코인은 가상화폐입니다. 물론 시각에 따라 다르게 표현할 수 있겠지만, 확실한 건 비트코인이 인류 역사상 최초의 가상화폐는 아닙니다. 기존에도 존재하던 수많은 게임머니 또한 가상화폐라고 말할 수 있습니다. 하지만 이러한 화폐들은 사용 범위가 한정되고 발권력에 있어서 신뢰를 구축하지 못했습니다. 즉, 오로지 관리자에게 부여된 발권력으로 인해 마음만 먹으면 마음대로 발행할 수 있는 위험이 있었습니다.

[그림 3] 비트코인

그러던 중 비트코인이 등장합니다. 비트코인은 사용 목적이 한정되어 있지 않고, 화폐가 마치 중앙은행에 의해 발행되는 것처럼 채굴이라고 불리는 과정을 통해 적절한 수준으로 발행됩니다. 이때 발행을 주관하는 관리자나 기관이 존재하는 것이 아닌 비트코인을 이루는 프로그램의 알고리즘에 의해 조금씩 발행되며 누군가 악의적인 의도에 의해 발행량 또는 특정 개인의 잔고를 조작할 수 없다는 점에서 신뢰를 얻게 되었습니다.

물론 이와 같이 실체가 없는 가상화폐가 돈을 대체할 수 있을지는 의견이 분분합니다. 하지만 우리는 실생활에서 이미 실체가 없는 돈을 사용하고 있습니다. 신용카드를 비롯하여 근래에 출시된 수많은 페이 서비스까지 모두 화폐의 지불에 대한 약속이지 실체가 있는 돈은 아닙니다. 즉, 가치를 인정하는 사회적인 합의가 존재한다면 실체의 유무는 중요한 것이 아닙니다. 그런 의미에서 비트코인은 아주 일부에서나마(적어도 아직까지는) 돈의 역할을 수행하고 있습니다.

### 1.1.3 비트코인의 탄생과 특징

2007년 미국발 글로벌 금융위기가 전 세계를 강타했습니다. 서브프라임 모기지 사태라고 불리는 이 사건은 국제금융시장을 암흑으로 몰아넣었습니다. 사건의 중심에는 2000년대 초반부터 마땅한 투자처를 찾던 투자은행과 펀드 운용사 등의 금융기관이 있었습니다. 이들은 고소득 투자처를 찾던 중 주택 구매 희망자들에게 대규모 대출을 시행하게 됩니다. 당시에는 하루가 다르게 부동산의 가격이 치솟았으므로 이를 믿고 대출을 감행한 것인데요, 최고조에 달했던 주택시장의 거품이 무너지면서 연쇄적인 파산을 불러옵니다. 결국, 대출금을 회수하지 못한 금융기관들이 타격을 받게 되었고, 결국 4대 은행 중 하나였던 리먼 브라더스(Lehman Brothers Holdings Inc.)가 파산합니다.

[그림 4] 뉴욕에 있던 리먼 브라더스 본사[1]

리먼 브라더스의 파산은 시장을 충격에 몰아넣기에 충분했습니다. 확실히 믿을 수 있던 금융 대기업도 얼마든지 몰락할 수 있다는 것을 보여준 사례였으니까요.

---

1) Bloomberg, https://www.bloomberg.com

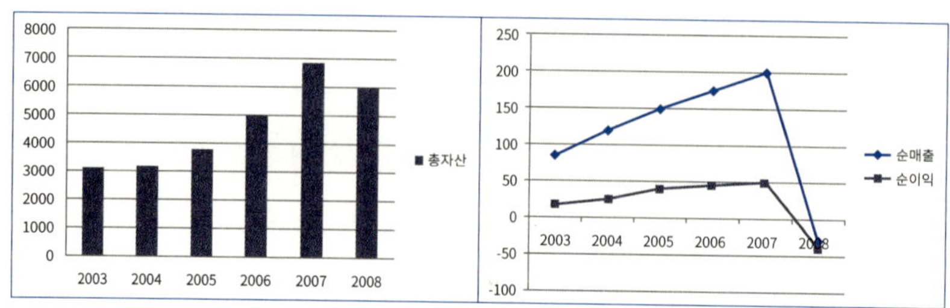


[그림 5] 리먼브라더스 실적 추이(단위: 억달러)[2]

이러한 기존 금융기관들에 대한 신뢰의 상실로 이를 대체할 만한 시스템에 대한 니즈가 요구되면서 금융과 기술을 아우르는 핀테크(Financial Technologies)가 대두되었습니다.

핀테크 열풍의 중심에는 블록체인과 비트코인이 있었습니다. 블록체인은 비트코인을 이루는 근간이 되는 기술로서 2009년 사토시 나카모토라는 의문의 인물에 의해 개발되었습니다. 사토시 나카모토는 9장 짜리 백서를 통해 중개인이 없고, 참여자 간 자유롭게 거래를 할 수 있는 새로운 시스템을 제안하였습니다. 이것이 오늘날의 비트코인입니다. 비트코인은 오픈소스 형상 관리 도구인 깃 허브(GitHub)를 통해 소스가 공개되었습니다. 2009년 나카모토에 의해 최초 구현된 이후 여러 프로그래머들에 의해 수정되었습니다. 한참 동안 왕성하게 활동하던 나카모토는 2011년 이후 종적을 감추었으며, 현재는 비트코인 자원봉사자 그룹이 지속적으로 개선을 하고 있습니다. 다양한 미디어에서 나카모토의 정체를 밝히고자 노력하였으나, 아직까지 '정확하게' 밝혀진 바가 없습니다.

---

2) 리먼 브라더스

# Bitcoin: A Peer-to-Peer Electronic Cash System


Satoshi Nakamoto
satoshin@gmx.com
www.bitcoin.org



**Abstract.** A purely peer-to-peer version of electronic cash would allow online payments to be sent directly from one party to another without going through a financial institution. Digital signatures provide part of the solution, but the main benefits are lost if a trusted third party is still required to prevent double-spending. We propose a solution to the double-spending problem using a peer-to-peer network. The network timestamps transactions by hashing them into an ongoing chain of hash-based proof-of-work, forming a record that cannot be changed without redoing the proof-of-work. The longest chain not only serves as proof of the sequence of events witnessed, but proof that it came from the largest pool of CPU power. As long as a majority of CPU power is controlled by nodes that are not cooperating to attack the network, they'll generate the longest chain and outpace attackers. The network itself requires minimal structure. Messages are broadcast on a best effort basis, and nodes can leave and rejoin the network at will, accepting the longest proof-of-work chain as proof of what happened while they were gone.


## 1.  Introduction

Commerce on the Internet has come to rely almost exclusively on financial institutions serving as trusted third parties to process electronic payments. While the system works well enough for most transactions, it still suffers from the inherent weaknesses of the trust based model. Completely non-reversible transactions are not really possible, since financial institutions cannot avoid mediating disputes. The cost of mediation increases transaction costs, limiting the minimum practical transaction size and cutting off the possibility for small casual transactions, and there is a broader cost in the loss of ability to make non-reversible payments for non-reversible services. With the possibility of reversal, the need for trust spreads. Merchants must be wary of their customers, hassling them for more information than they would otherwise need. A certain percentage of fraud is accepted as unavoidable. These costs and payment uncertainties can be avoided in person by using physical currency, but no mechanism exists to make payments over a communications channel without a trusted party.

What is needed is an electronic payment system based on cryptographic proof instead of trust, allowing any two willing parties to transact directly with each other without the need for a trusted third party. Transactions that are computationally impractical to reverse would protect sellers from fraud, and routine escrow mechanisms could easily be implemented to protect buyers. In this paper, we propose a solution to the double-spending problem using a peer-to-peer distributed timestamp server to generate computational proof of the chronological order of transactions. The system is secure as long as honest nodes collectively control more CPU power than any cooperating group of attacker nodes.

1

[그림 6] 비트코인 백서[3]

---


3) Bitcoin white paper, https://bitcoin.org/bitcoin.pdf

비트코인은 특정 관리 기관 또는 관리 주체가 없이 모든 참여자가 채굴이라는 과정을 통해 화폐를 발행하고 거래하는 시스템으로 공공장부를 통해 인위적인 조작이 불가능하고 모든 거래가 기록되므로 위·변조가 불가능하다는 장점을 지니고 있습니다. 이러한 특성 때문에 최초 개발자인 나카모토를 비롯한 자원봉사자 그룹도 임의로 비트코인을 통제할 수 없습니다. 비트코인을 가장 처음으로 정식 화폐로 인정한 국가는 영국이고, 독일과 일본도 정식 화폐로 인정하는 추세입니다[4].

비트코인의 발행량은 채굴과 거래수수료에 의해 유지됩니다. 채굴은 어려운 수학 문제를 푸는 과정이며 이를 작업 증명이라고 합니다. 작업 증명을 완료할 시 이에 대한 보상으로 소정의 보상금을 지급합니다. 채굴에 필요한 것은 오로지 사용자의 컴퓨팅 파워뿐입니다.

비트코인은 채굴에 의한 발행량이 정해져 있습니다. 한정된 양을 한도로 통화의 발행량이 4년마다 감소하며 이에 따라 하이퍼 인플레이션이 방지됩니다. 앞서 거론한 짐바브웨 달러처럼 한 순간에 가치가 급속하게 하락하는 일은 발생하지 않는다는 의미입니다.

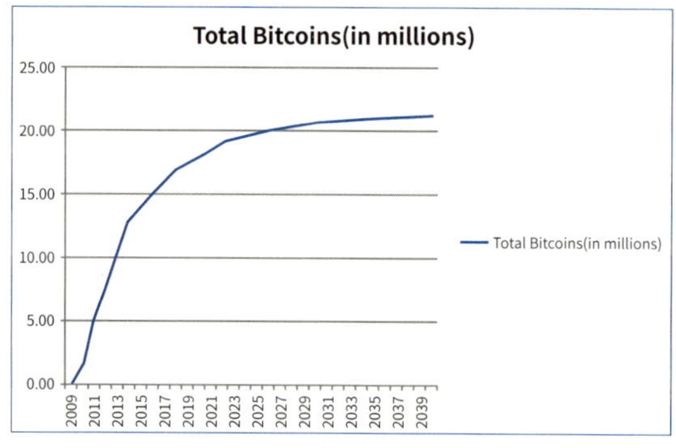



[그림 7] 비트코인의 발행량[5]

---

4) 유성민, '블록체인 기반 사물인터넷 서비스' 산업 전망, 한국정보기술학회지 15(1), pp. 15-20, 2017.6

채굴을 통한 비트코인의 발행은 약 4년마다 절반씩 감소하며, 총 발행량은 2,100만 비트코인에 수렴하도록 정해져 있습니다. 이론 상 채굴은 2040년까지 지속될 것으로 예상되며 이후에는 거래 수수료에 의해 유지될 것으로 예상됩니다.

모든 사용자는 동일한 장부를 가집니다. 화폐가 발행되는 과정과 사용자 간의 모든 거래는 전체 네트워크로 공유되어 모든 사용자의 장부에 동일하게 기록됩니다. 물론 이 과정에서 암호화되어 저장됩니다. 이러한 특성은 네트워크 구조를 투명하게 합니다.

다음으로 거래는 중앙 기관 또는 관리자의 승인 없이 절반 이상의 사용자의 합의를 필요로 합니다. 즉, 장부를 위·변조하기 위해서는 절반 이상의 사용자의 장부를 위조해야 합니다. 그러므로 위·변조가 사실상 불가능합니다.

마지막으로 중앙 관리 기관이 없고, 별도의 서버가 존재하지 않으므로 운영하는 측면에서 비용이 감소됩니다. 본래 중앙 관리 기관 또는 별도의 서버를 운영하기 위해서는 대규모의 자금이 필요합니다. 특히 보안을 유지하는데 많은 돈이 필요합니다. 하지만 블록체인을 이용한 비트코인은 중앙 관리 주체가 존재하지 않는 개념이므로 관리 비용이 절약됩니다.

비트코인에는 국경이 없습니다. 전 세계 어디에서난 동일한 개념으로 통용됩니다. 이것은 매우 큰 장점인데요, 예를 들어 기존의 물리적인 화폐는 국가마다 서로 다르며 환전 시 수수료가 필요합니다. 가령 원화는 한국에서 사용이 가능하지만 미국에 갈 때는 달러로 환전해야 하지요. 하지만 앞서 언급한 대로 비트코인에게는 국경이 없으므로 전 세계 어디로 송금할 때에도 환전 없이 송금을 할 수 있습니다.

---

5) The Rise and (Inevitable) Fall of Bitcoin, 2013.11, http://compoundingmyinterests.com/
compounding-the-blog/2013/11/11/the-rise-and-inevitable-fall-of-bitcoin-1.html

[그림 8] 비트코인의 달러당 가격 변동 추이[6]

비트코인은 아직 완벽하지 않습니다. 아직 진화하고 있지요. 5년 뒤, 10년 뒤에는 어떤 모습과 어떤 의미를 가지고 있을지 아무도 모릅니다. 정말로 지구촌의 화폐를 대신하고 있을 수도 있고, 어쩌면 그저 의미 있는 시도로 끝날지도 모르고요. 그렇기 때문에 [그림 8]에서 보는 것처럼 마치 주식처럼 가격이 변동하고 있으며, 실제 현실에서 화폐로서의 기능이 제한되어 있습니다.

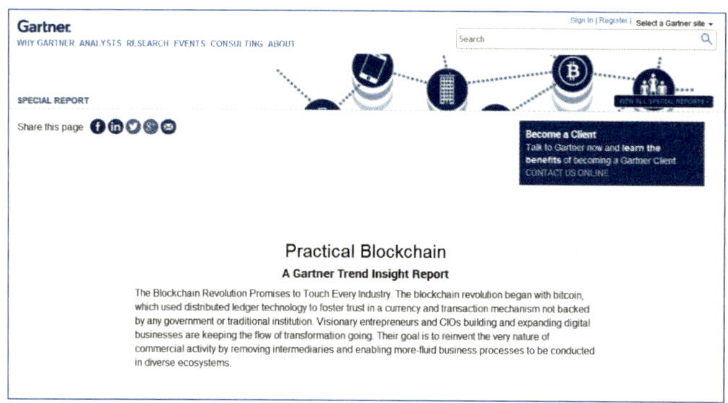

[그림 9] 가트너 스페셜 리포트[7]

6) 2017. 10. 18, Blockchain, https://blockchain.info
7) Gartner, https://www.gartner.com

이러한 불완전함에도 불구하고 비트코인과 근간이 되는 블록체인은 가트너(Gartner)에서 발표한 2017년 IT 기술 트랜트에 당당히 이름을 올리는 등 주목받고 있습니다.

## 1.1.4 크고 작은 사건들

그동안 비트코인은 프로그램의 버그 등으로 수차례 장애가 발생한 적이 있었습니다. 하지만 현재까지 시스템이 정지된 적은 없습니다. 비트코인이 제한적이나마 화폐로서 역할을 수행하자 이를 거래할 수 있는 거래소가 등장하였습니다. 2011년 7월에 등장한 마운트곡스(Mt. Gox)가 바로 그것입니다.

마운트곡스는 세계 최대의 가상화폐 거래소였으며, 비트코인의 역사와 맥을 같이 하던 곳이었습니다. 한때 이곳에서는 전 세계 거래량의 70%가 거래되기도 했습니다. 하지만 어느 순간 문제가 발생하기 시작했고 결국 2013년 파산하게 됩니다. 파산 이유는 '해킹'이었습니다. 하지만 자세히 들여다보면 마운트곡스의 파산은 비트코인의 해킹이 아닌 마운트곡스 거래 시스템 자체의 문제였습니다. 하지만 언론에서는 마치 비트코인의 구조적 결함인 것처럼 부풀려져 비트코인의 신뢰성에 의문이 생기기도 했습니다.

현재 국내 최대 거래소는 빗썸인데 이곳도 지난 7월, 비슷한 문제를 겪기도 했습니다. 이때도 마찬가지로 애먼 비트코인을 비롯한 가상화폐들만 의심을 샀지요.

[그림 10] 빗썸의 해킹 사실을 보도하는 신문기사

하지만 사건의 전말은 이렇습니다. 해커로 추정되는 세력이 가상화폐 자체를 해킹하지는 못하고 거래소인 빗썸의 개인정보와 계좌정보를 유출한 뒤, 이를 이용하여 빗썸 본사를 가장해 회원들로부터 인증번호를 수집한 후, 계좌에서 가상화폐를 인출한 것으로 거래소의 보안에 허점을 드러낸 사건이었습니다[8]. 이는 분권화된 블록체인 기반 가상화폐가 다시 중앙집중형 서버를 가진 가상화폐 거래소로 인해 해킹에 취약하게 된 것입니다. 거래소를 해킹하여 금전적 이득을 취하려는 시도는 지금 이 순간에도 계속 시도되고 있을 것입니다. 하지만 아직까지 블록체인 자체를 해킹한 사례는

---

8) 경향비즈, "국내 최대 가상화폐 거래소, '빗썸' 해킹의 전말", 2017.7.3

없는 만큼 보안적으로 매우 안전한 기술이라고 할 수 있습니다.

비트코인을 정식 화폐로 인정하려는 움직임도 활발합니다. 영국과 독일, 그리고 일본이 지급 결제 수단으로 비트코인을 인정한 데 이어 호주도 그 대열에 동참하였습니다. 특히 국내에도 잘 알려진 일본의 피지항공은 2017년 말부터 비트코인으로 좌석을 예약할 수 있는 서비스를 시작할 예정입니다[9].

하지만 이렇게 시장에서의 커가는 영향력과 반대로 기존 지급 결제 수단에 비해 거래 속도가 느리고 익명성을 바탕으로 범죄에 악용될 수 있다는 점은 앞으로 해결해야 할 문제점입니다.

---

9) 경향비즈, "비트코인, 합법적 결제 수단 인정 국가 갈수록 늘어", 2017.6.1

# 블록체인에 대한 기술적 접근

이번 절은 비트코인의 근간 기술인 블록체인의 기술적인 요소에 대해 다룹니다.

## 1.2.1 블록체인 개요

블록체인의 목적은 금융에만 한정되어 있지 않고 범용으로 사용될 가능성이 높은 기술입니다. 블록체인을 간단하게 설명하면 '분산된 장부'로 표현할 수 있습니다. 즉 중앙 관리 주체에 유일하게 보관되던 거래의 기록을 블록체인 기술을 통해 모든 참여자가 동일하게 관리한다는 것입니다. 이것이 블록체인의 기본 개념입니다. 블록체인을 이해하기 위해 기존의 방식과 블록체인에서 동일한 사례를 들어 설명하겠습니다.

먼저 전통적인 의미의 은행의 예입니다. 중앙 관리 서버는 은행에서 제공하는 금융 서비스의 장부에 해당됩니다. 여기에 A, B, C, D라는 총 네 명의 사용자가 있고, 계좌에 각각 100, 50, 0, 그리고 150원을 가지고 있습니다.

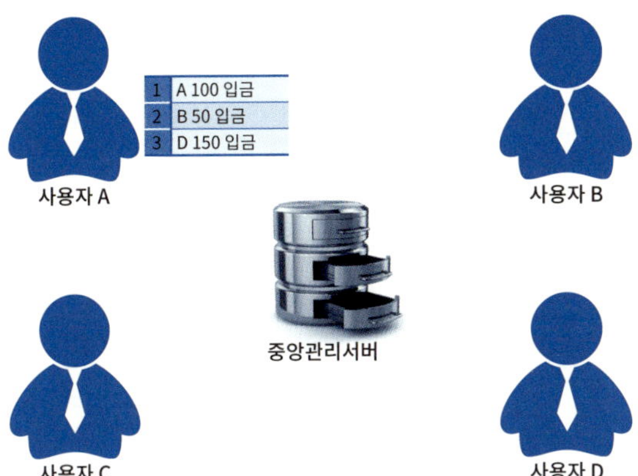


[그림 11] 중앙 관리 서버의 예

만약 A가 C에게 50원만큼 송금하고자 한다면 A는 중앙 관리 서버에 다음과 같이 이야기할 것입니다.

"C에게 50원을 송금해 줘!"

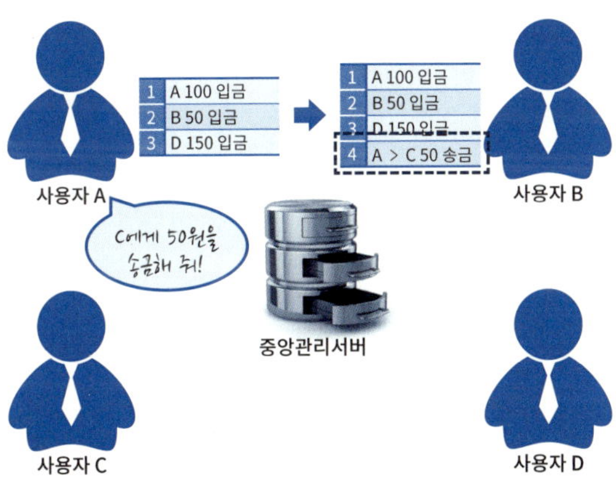


[그림 12] 송금의 예

A의 요청을 받은 중앙 관리 서버는 장부에 다음과 같이 기록합니다.

"A가 C에게 50원 송금함"

만약 누군가가 악의적으로 장부에 위·변조를 시도한다면 어떻게 될까
요? 즉 예를 들어 사용자 D가 장부를 조작하여 송금 내역을 수정한 경우입
니다.

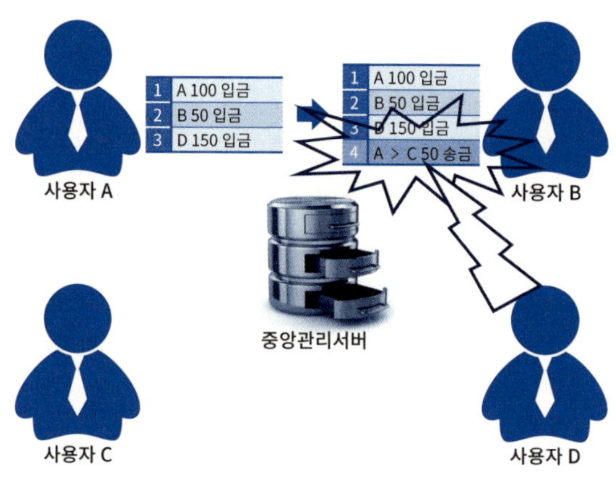


[그림 13] 사용자 D의 거래 정보 조작

그림에서는 단순하게 표현하였지만 실제로 이와 같은 사례는 매우 위험
한 금융 사고를 야기할 수 있습니다. 물론 은행은 매우 강력한 보안 시스템
을 운영하고 있으므로 이런 일은 발생하지 않을 것입니다(아마도?). 하지만
보안과 해킹은 창과 방패의 개념이므로 언제 어떻게 사고가 일어날 지 장
담하지 못합니다.

자, 그럼 동일한 사례를 블록체인에서 가정해 볼까요?

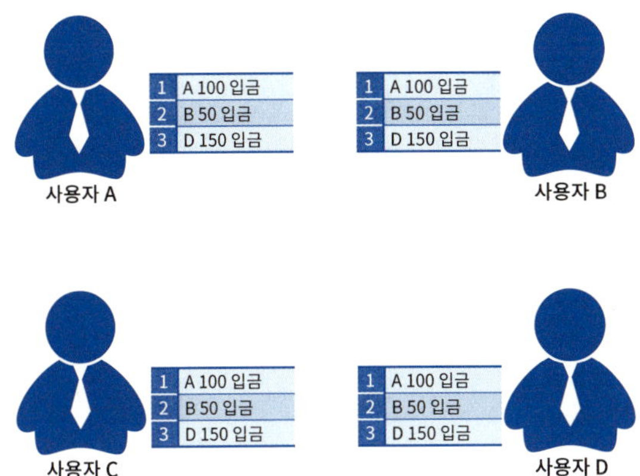

[그림 14] 블록체인을 사용한 예

사용자 A, B, C, D는 모두 동일한 장부를 가지고 있습니다. [그림 12]와 마찬가지로 A가 C에게 50원의 송금을 진행하겠습니다.

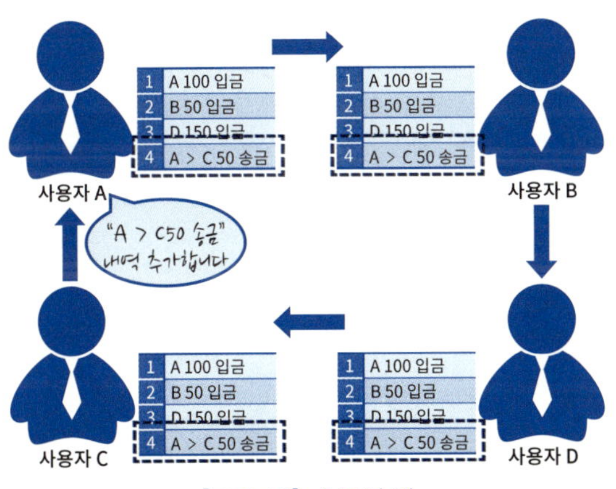


[그림 15] 송금의 예

A는 C에게 50원을 송금한 내역을 자신의 장부에 기록한 후, 주변 사용자에게 전파합니다. 주변 사용자는 A의 거래 명세를 전달받아 자신의 장부에 기록한 후, 또다시 다른 사용자에게 전파합니다. 이렇게 모든 사용자의 장부가 업데이트되면 거래가 완료된 것입니다. 물론 이 과정에서 유효한 거래인지 아닌지는 시스템에 미리 명시된 입증과 합의 과정에 따라 결정됩니다. 이 과정을 '작업증명'이라고 합니다.

[그림 13]의 예처럼 거래 명세를 악의적으로 조작해 보겠습니다.

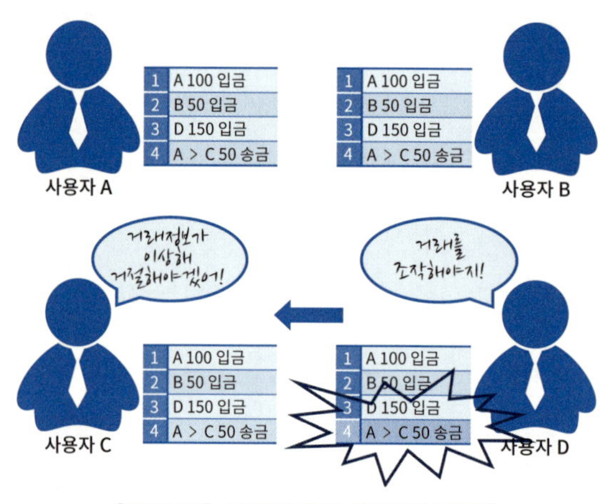


[그림 16] 사용자 D의 거래 정보 조작

만약 D가 거래 정보를 조작한 뒤 다른 사용자에게 전달하려고 해도 블록체인의 매커니즘에 의해 유효하지 않은 정보로 판단되어 폐기됩니다. 물론 각각의 정보는 타임스탬프(Time Stamp)가 있으므로 [그림 16]처럼 이전 정보를 수정할 수는 없습니다만, 5번 항목에 조작된 정보를 추가한다고 해도 결과는 마찬가지로 폐기됩니다.

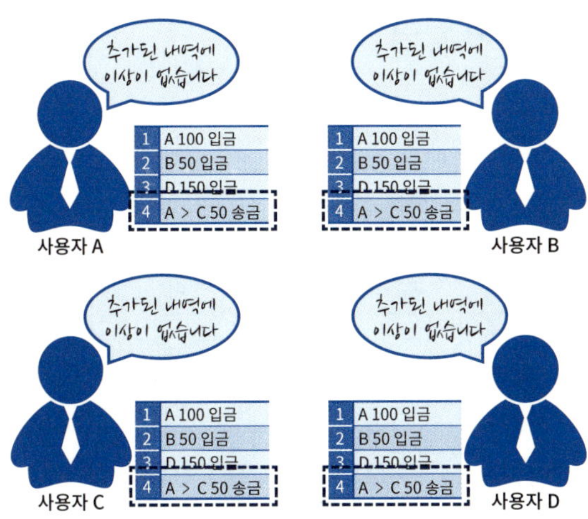


[그림 17] 분산 합의

[그림 17]에서 볼 수 있듯이 새로운 거래 정보를 기입할 때, [그림 15]처럼 모두가 공유한 후 과반 이상의 사용자가 합의를 해야 하므로 사용자 D가 본인의 장부에 수백 번 수천 번의 수정을 한다고 한들 장부는 수정되지 않습니다. D의 장부도 결국 조작 이전으로 다시 원상 복구될 것입니다.

이때 장부에 기록되는 거래 기록들을 블록이라 하며, 이것이 연결된 구조를 블록체인이라고 합니다. 각 사용자는 블록체인 내에서 일어나는 일을 알 틈도 없이 모든 장부는 이론적으로 동기화되기 때문에 마치 하나의 시스템에서 통제하는 것과 같이 느낄 수 있습니다.

## 1.2.2 블록체인의 원리[10]

블록체인을 근간으로 이루어진 대표적인 가상화폐 비트코인은 다음과
같이 거래 정보를 모아 하나의 블록으로 기록합니다.

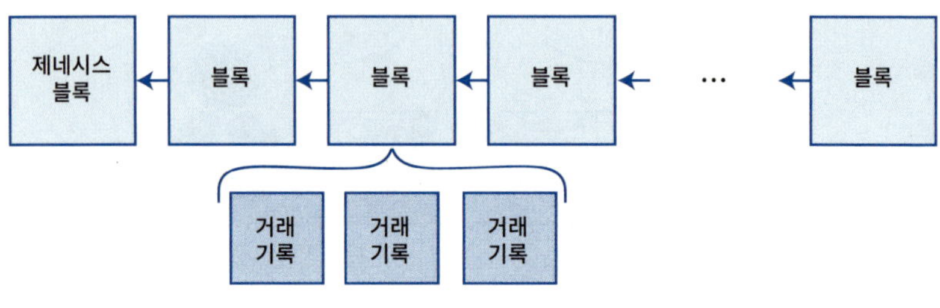


[그림 18] 블록체인의 구성

블록체인의 가장 처음 블록은 Genesis 블록이라 하여 개발자인 사토시
나카모토가 생성해 놓은 블록입니다. 블록이 생성되는 주기는 약 10분이
며, 그동안의 거래 기록을 모아 블록을 만든 후, 이전 블록에 추가하는 것
입니다. 또한, 현재의 블록을 만들 때 이전의 블록의 정보가 포함되므로
Genesis 블록부터 모든 블록이 유효해야만 현재 블록이 유효할 수 있습니
다. 이것을 입증하는 과정이 작업 증명이며 이로 인해 보안과 유효성이 유
지됩니다.

---

10) Satoshi Nakamoto, "Bitcoin: A Peer-to-Peer Electronic Cash System", www.bitcoin.org,
2009

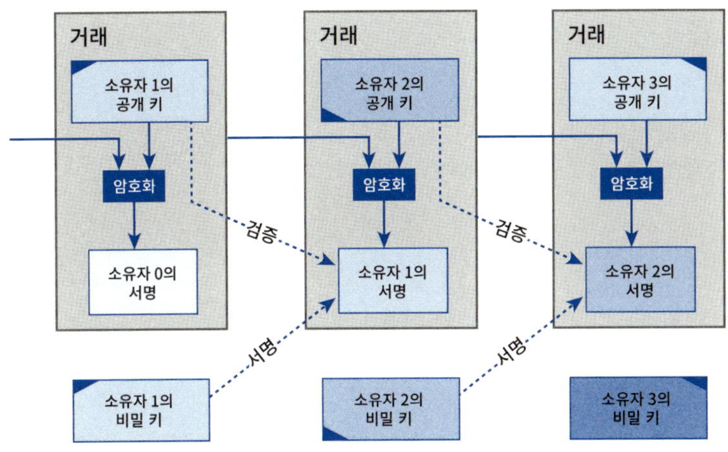



[그림 19] 블록 내의 거래 기록의 연결

각 블록 내에는 거래 기록의 집합이 존재합니다. 각 데이터는 [그림 19]와 같이 전자 서명을 통해 연결되어 있으며, 이전 거래 기록 없이는 다음 기록이 나올 수 없습니다. 따라서 각 기록은 모두 연결되어 있으며 서로의 유효성을 증명하는 역할을 합니다.

앞서 강조한 작업 증명은 블록체인을 이루는 가장 중요한 기술입니다. 블록체인은 중앙 서버 없이 사용자들로만 이루어진 완벽한 P2P(Peer to Peer)이므로 기록의 유효성을 검증하기 위해서 이 과정이 반드시 필요합니다. 사용자의 컴퓨터가 Genesis 블록부터 마지막 블록까지 연산을 수행하고, 연산의 결과가 작업 증명 조건에 도달한다면 그 블록은 고정됩니다. 작업증명의 연산은 적절한 nonce를 찾아가는 과정이며 이 과정에서 사용자의 컴퓨팅 파워가 요구됩니다. nonce를 찾는 가장 보편적인 방법은 브루트 포스(brute force), 즉 무작위 대입 또는 모든 수 대입입니다. 적절한 nonce를 구하고 고정된 블록은 모든 사용자에게 전달되어 체인을 형성하게 됩니다.

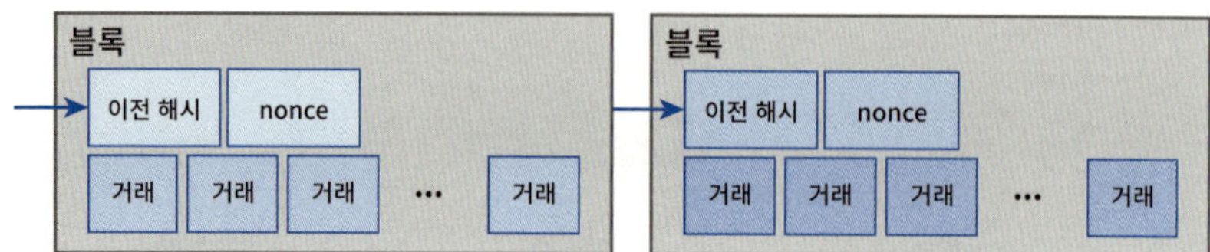



[그림 20] 블록의 연결

모든 블록은 해시 알고리즘에 의해 암호화된 뒤, 다음 블록에 주요 속성으로 사용됩니다. 비트코인은 해시 함수 중 하나인 SHA-256(Secure Hash Algorithm)으로 암호화되며, 이 함수는 어떠한 입력이 들어와도 256비트로 암호화합니다. 이때 입력값이 조금만 변동되어도 결과가 완전히 달라지므로 이를 이용해 이전 블록과 다음 블록 간의 연결을 입증합니다.

작업 증명에 의해 입증된 블록은 모든 사용자에게 전달되며 과반의 합의를 얻어 최종적으로 확정됩니다. 만약 [그림 16]의 사례에서 사용자 D가 두 명 이상의 컴퓨터를 조작하여서라도 동의를 얻을 수 있다면 조작된 거래 내역은 유효한 내역으로 인정받을 수 있을지도 모릅니다. 하지만 블록체인의 특성상 사용자가 많아질수록 이러한 방법은 더욱더 불가능해집니다. 점점 견고해진다는 말이지요.

결국, 일련의 과정을 정리하면 다음과 같습니다.

① 거래 발생 시 모든 사용자에게 전파된다.

② 각 사용자는 새로운 거래 내역을 블록에 취합한다.

③ 각 사용자는 해당 블록에 대한 작업 증명을 시도한다.

④ 어떠한 사용자가 작업 증명에 성공하면 해당 블록을 모든 사용자에게 전파한다.

⑤ 모든 사용자는 해당 블록이 유효한 경우에 승인한다.

⑥ 모든 사용자는 그 블록이 승인되었다는 의사를 나타낸다.


이 과정에서 서로 다른 경쟁적인 (물론 유효한) 블록이 등장할 수 있는데, 이런 경우 더욱 길게 작성된 블록체인을 옳다고 가정하며, 중간에 전달받지 못한 블록이 있을 경우 이를 알려 다시 받아 체인을 완성합니다.


## 1.2.3 블록체인의 보안성


블록체인은 현재까지 매우 뛰어난 보안성을 제공합니다. [그림 19]에서 언급한 바와 같이 블록체인은 전자 서명 기술을 사용하고 있는데, 이것은 각 사용자의 개인 키와 공개 키를 이용한 암호화 알고리즘입니다. 현재 블록체인 네트워크는 기존의 인터넷에 비해 정보 보호의 4대 서비스인 비밀성, 인증, 무결성, 부인 봉쇄 중 무결성과 부인 봉쇄에서 강점을 보이고 있습니다.


[표 1] 블록체인의 정보 보호[11]

| 구분 | 인터넷 | 블록체인 네트워크 |
| --- | --- | --- |
| 비밀성 | × | × |
| 인증 | × | × |
| 무결성 | × | ○ |
| 부인봉쇄 | × | △ |


11) 박성준, "블록체인 패러다임과 핀테크 보안", 한국통신학회지(정보와통신), 34(3), pp. 23-28, 2017.2

## 1.2.4 블록체인의 활용 방안

IT 기술의 발전에 따라 다양한 산업들이 융합되어 지금까지는 볼 수 없었던 새로운 형태의 산업이 등장하고 있습니다. 특히 블록체인은 2016년 세계경제포럼에서 4차 산업혁명의 차세대 10대 핵심 기술로 선정되었습니다. 또한, 전 세계의 금융기관 중 80%가 도입 의사를 표했으며, 2025년까지 블록체인으로 인한 경제 규모가 전 세계 GDP의 약 10%에 이를 것으로 기대됩니다[12].

블록체인을 활용하고자 하는 산업 중 금융은 이미 수없이 거론되었으므로 설명을 제외하고, 블록체인의 적용을 기대하는 다른 분야를 살펴보도록 하겠습니다.

## 1.2.4.1 사물인터넷(IoT)

최근 사물인터넷이 화두입니다. 모든 전자기기의 데이터를 수집하고 활용함으로써 사물인터넷 분야에서도 블록체인의 접목에 대한 연구가 활발히 이루어지고 있습니다.

대표적인 사례로 2015년 미국의 IBM사는 사물인터넷 플랫폼 어뎁트 (ADEPT, Autonomous Decentralized Peer-to-Peer Telemetry)를 발표하였습니다. 이 프로젝트는 가전제품에 블록체인을 접목하여 소모품을 자동으로 주문하는 시스템을 구현하였는데, 대표적인 가전제품으로 세탁기의 사례를 제안하였습니다.

---

12) 김태형, [해외전력산업동향] 블록체인 개념 및 분야별 활용사례 분석, 전기저널. 487, pp. 58-65, 2017.7

[그림 21] 어뎁트 프로젝트[13]

어뎁트 프로젝트는 다음과 같은 상황을 예시하고 있습니다.

"세제가 떨어졌습니다. 지금까지는 사용자가 세제가 소진되었음을 확인하고 근처의 마트나 슈퍼마켓에 가서 세제를 구매해야 했습니다. 하지만 이제 세탁기는 스스로 세제가 소진되었음을 판단하고 평소에 거래하던 슈퍼마켓에 주문을 넣습니다. 세탁기는 계좌에 보관 중인 가상화폐로 값을 지불합니다. 며칠 뒤, 가정에 세제가 배달됩니다. 또한, 이와 같은 과정은 세탁기의 주인에게 실시간으로 전달됩니다."

위의 사례는 IBM이 실제로 국제 가전박람회에서 발표한 시나리오입니다. IBM은 가전제품 제조사인 삼성전자와 협업하여 실제로 타당성을 입증하였습니다.

---

13) IBM Institute for Business Value, "Empowering the edge: Practial insights on a decentralized Internet of Things"

# 1.2.4.2 에너지 산업 분야[14]

에너지 산업에 있어서 무공해 또는 신재생 에너지는 발전 가능성이 무한한 분야입니다. 호주의 Power Ledger라는 회사는 가정에 설치된 태양광 발전 시설을 통해 생산된 전기를 다른 사람에게 팔 수 있는 전력 거래 서비스를 개발하고 있습니다. Power Ledger는 신용이 보장된 가상화폐를 기반으로 개인 간의 P2P 에너지 교환을 제공합니다. 실제로 이 서비스는 현재 뉴질랜드 오클랜드의 규제된 유통망에서 에너지 거래 플랫폼으로 사용되고 있습니다.

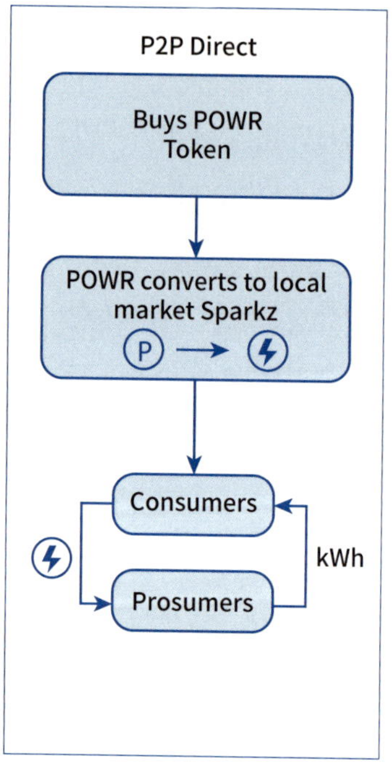


[그림 22] 에너지를 거래하기 위한 직접 P2P 모델

14) Power Ledger, https://powerledger.io/

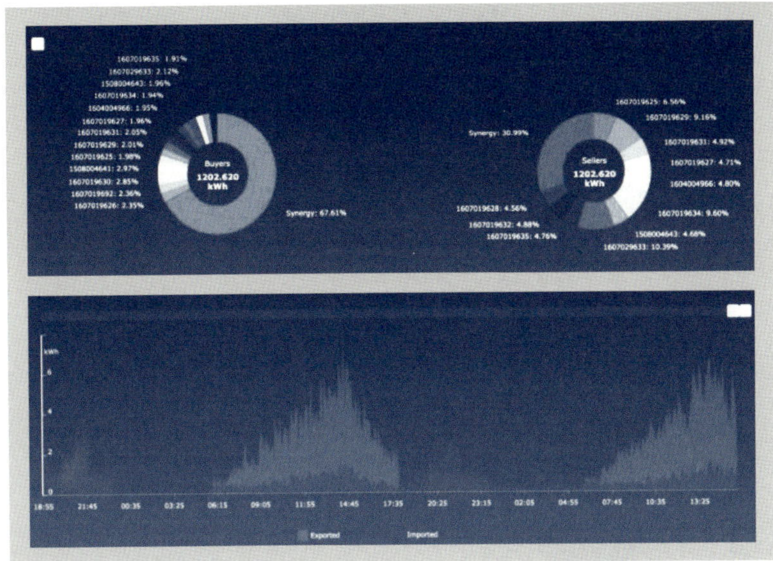

[그림 23] Power Ledger 어플리케이션 그래픽 유저 인터페이스

## 1.2.4.3 크라우드 펀딩(Crowd Funding)

The DAO(Dencentralized Autonomous Organization)라는 블록체인 기반 서비스가 있었습니다. 창업자에게 자금을 조달하는 방법 중 하나인 크라우드 펀딩을 블록체인을 이용하여 구현한 사례였으나 현재는 해체된 상태입니다. 하지만 The DAO는 DAO의 개념을 구체화시킨 하나의 사례일 뿐, DAO 자체가 무의미하진 않습니다.

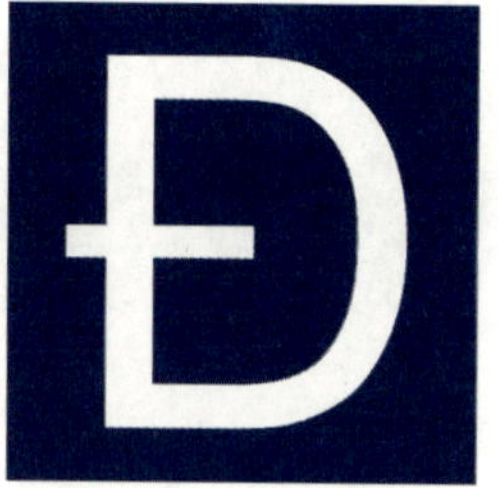

[그림 24] The DAO

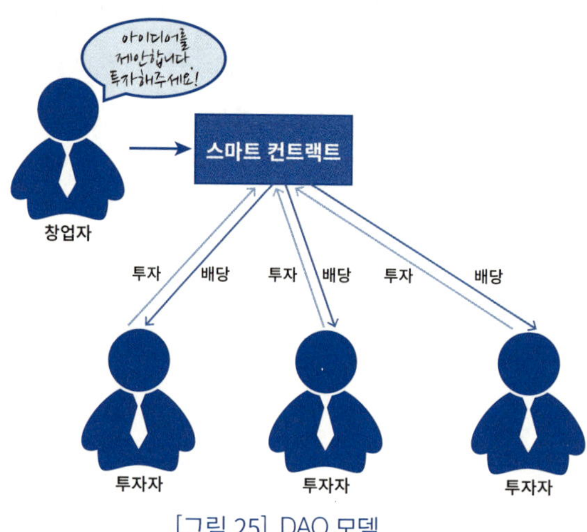


[그림 25] DAO 모델

창업을 하려는 사람이 프로젝트를 스마트 컨트랙트로 만들어 공개하면, 투자자들이 제안을 보고 가상화폐를 통해 투자에 참여하는 방식으로 프로젝트가 이익을 낼 시, 투자자들에게 배당금이 배분되는 형태입니다.

여기서 스마트 컨트랙트에 대해서는 이후에 자세히 설명하겠습니다. 현재 The DAO는 사라졌지만 Slock.it 등에서 블록체인을 활용한 크라우드 펀딩 서비스를 제공하고 있습니다.

## 1.2.4.4 의료정보 플랫폼

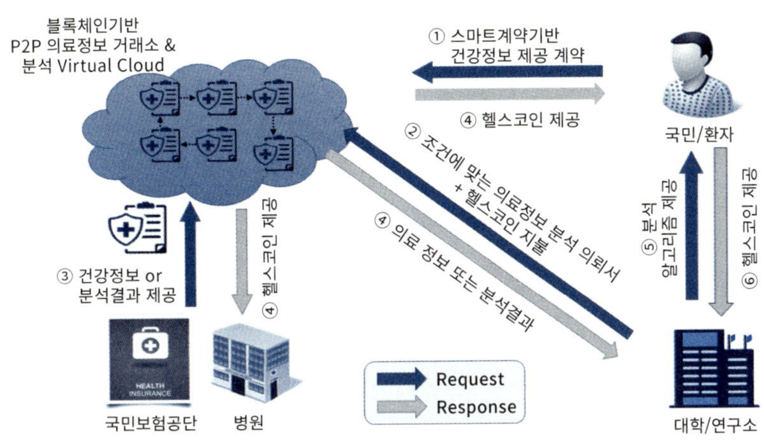


[그림 26] 블록체인을 활용한 의료정보 플랫폼

　　의료정보 시스템인 HIS(병원진료 시스템)는 병원의 원무 관리, 일반 관리, 처방 전달, 전자 의무기록 등의 업무에 활용되고 있습니다. 이 중 전자 의무기록에 의해 입력된 환자의 의료기록은 정밀한 진료나 교육, 그리고 연구 등의 목적으로 연구 기관에 공유되기도 하는데, 이때 외부의 공격 또는 유출 등의 해킹에 의한 피해가 발생할 수 있습니다[15].

　　이러한 의료정보를 블록체인을 통해 관리함으로써 연구 기관과의 안전한 공유를 통해 각각의 환자에 맞춤 의료를 제공할 수 있으며, 의료정보를 보다 안전하게 보호할 수 있습니다.

---

15) 오성원, 박수민, 홍승필, "사례연구를 통한 안전한 블록체인 도입에 대한 제언: 의료정보 시스템을 중심으로", 한국통신학회 하계종합학술발표회, pp. 131-132, 2017

### 1.2.4.5 투표 시스템

세계 각지에서 블록체인의 투명성과 신뢰성, 그리고 효율성을 활용하여 투표 시스템에 도입하는 사례가 늘고 있습니다.

2016년, 미국의 텍사스주와 유타주에서는 각각의 정당에서 대선 후보 선정에 블록체인을 기반으로 하는 전자투표를 활용하였으며, 특히 유타주에서는 더욱더 많은 당원이 투표권을 행사하였다고 합니다[16].

또한, 우크라이나 정부는 청원 또는 자문 투표를 위해 블록체인을 활용하겠다고 발표하였으며[17], 국내에서는 지난 2017년 2월, 경기도의 '2017 따복공동체 주민 제안 공동사업'을 통해 전국 최초로 블록체인을 도입한 투표가 진행되었습니다.

[그림 27] 블록체인을 활용한 따복공동체 주민 제안 공모사업 심사 현장[18]

16) Wired Report
17) "Ukraine Government Plans to Trial Ethereum Blockchain-Based Election Platform. Bitcoin Magazine", 2016.02.16
18) 서울시 NPO 지원센터, "블럭체인 선거기법을 도입한 '따복공동체 주민제안 공모사업' 선거방식 소개", 2017.5.10

# 1.2.4.6 법률계약 플랫폼[19]

단순한 거래를 위한 블록체인 1.0과 달리 이더리움을 비롯한 블록체인 2.0 플랫폼에서는 화폐뿐만 아니라 스마트 컨트랙트 등으로 대표되는 계약 프로그램을 실행할 수 있습니다.

2017년 1월 런던에서 열린 블록체인 엑스포에는 예상과 달리 법조계 인사들도 다수 참여하였습니다. 변호사의 주된 업무가 계약 분쟁 발생 시 조정하는 역할이기 때문에, 만약 계약 내용을 블록체인을 이용한 스마트 컨트랙트에 명시하면 위·변조가 불가능하므로 분쟁 소지 요소가 줄어들기 때문입니다.

# 1.2.5 이후의 과제

현재 블록체인은 매우 다양한 분야에서 활용되고, 또 활용 방안이 검토되고 있습니다. 하지만 새로운 비즈니스 모델을 모색하여 활용하기에 법 또는 제도적인 측면에서 기술의 요구를 따라오지 못하는 상황이며, 이에 따라 발전 가능성은 물음표인 상태입니다. 하지만 학계와 투자기관은 대체적으로 블록체인이 추후 경제에 미칠 영향이 매우 큰 것으로 전망하고 있습니다.

---

19) William Mougayar 저, 박지훈, 류히원 역, "비즈니스 블록체인: 탈중앙화 인터넷 기술이 가져올 비즈니스 혁신과 기회", 한빛미디어, 2017

미래부, AI·블록체인 등 ICT 융합서비스 보안기술 개발
4개 분야 융합보안 시범사업 추진
2017년 06월 07일 오전 11:58

[아이뉴스24 김국배기자] 미래창조과학부는 ICT 융합 제품과 서비스를 안전하게 제공하기 위한 보안 기술을 개발하고 이를 시범 적용하는 융합보안 시범사업에 착수한다고 7일 발표했다.

이에 따라 미래부는 인공지능(AI), 블록체인, 홈·가전, 데이터 보안 등 4개 분야 과제를 선정했다. 이번 사업은 지난해 5월 공개된 'K-ICT 융합보안 발전 전략'에 따른 세부 실행 과제의 일환이다.

AI 분야에서는 씨티아이랩이 지능형지속위협(APT) 같은 알려지지 않은 사이버 위협을 방어하기 위해 AI 기반 차세대 사이버위협 인텔리전스 플랫폼을 개발하게 된다.

이를 통해 기존 보안시스템의 단점을 보완·대체할 수 있는 차세대 보안 기술을 확보할 수 있을 것으로 기대된다.



블록체인 분야는 블로코가 사물인터넷(IoT) 기기 인증에 블록체인 기술을 활용하는 서비스를 개발할 예정이다. 스마트 팩토리, 스마트 그리드 등 IoT 기기 인증 서비스의 보안성을 강화하고 블록체인 서비스를 활성화하는 목적이다.

[그림 28] 4대 분야 융합 보안 시범사업[20]

국내의 경우 외국에 비해 관련 법 제정에 보수적인 태도를 보였는데, 2017년 들어 미래창조과학부에서 시범사업을 조성하기로 하였으며, 근래에는 AI, 홈·가전, 데이터 보안과 함께 블록체인을 4대 분야 융합 보안 시범사업으로 선정하는 등 육성에 박차를 가하고 있는 상황입니다. 아직 블록체인은 생소한 분야이므로 잘 육성하면 미래의 성장 동력을 창출할 수 있을 것으로 보입니다.

---

20) 아이뉴스, "미래부, AI·블록체인 등 ICT 융합 서비스 보안기술 개발", 2017.6.7

 **CHAPTER 2**

# 이더리움 개요

이더리움(Ethereum)은 비트코인에 이어 세계에서 두 번째로 많이 사용되는 가상화폐입니다. 이더리움은 튜링 완전성(Turing-complete)을 완벽하게 지원하며, 단순한 거래만이 아닌 프로그래밍이 가능한 미래형 화폐입니다.

# 이더리움과 비탈릭 부테린의 이야기[1]

이더리움은 2015년 7월에 비탈릭 부테린(Vitalik Buterin)이라는 러시아 태생의 청년에 의해 개발되었습니다. 이더리움은 비트코인과 같은 가상화폐의 하나로서 블록체인을 기반으로 한다는 점에서 동일하지만, 프로그래밍이 가능하여 튜링 완전성을 완벽하게 지원한다는 점에서 보다 진보된 화폐라고 말할 수 있습니다. 비트코인이 단순히 화폐로서 거래의 목적만을 지니고 있다면 이더리움은 프로그래밍을 통해 화폐에 기능과 목적을 추가할 수 있다는 점이 특징입니다.

[그림 1] 이더리움 심볼

1) VITALIK BUTERIN, https://about.me/vitalik_buterin

이더리움의 창시자인 비탈릭 부테린은 2014년 겨울, 페이스북의 창업자인 마크 저커버그를 제치고 포브스와 타임이 공동 주관하는 'World Technology Awards'에서 IT 소프트웨어 수상자가 되는 파란을 일으킵니다. 1994년 러시아 태생으로 2000년에 캐나다로 이민을 갔으며, 이곳에서 영재교육을 받았다고 하는데, 동년배 친구들보다 빠르게 암산했다고 합니다. 18세 때는 프로그래밍 경진대회에서 3위를 했고, 이어 캐나다 온타리오 주에 있는 워털루대학교(University of Waterloo)에 진학합니다.

[그림 2] 비탈릭 부테린

17세이던 2011년, 인생의 전환점을 맞이하게 되는데, 바로 비트코인과의 만남이었습니다. 처음에는 비트코인의 가능성에 대해 회의적이었다고 합니다. 물리적이거나 제도적인 기반 없이 어떻게 가치를 지닐 수 있는지 의문이었지만, 얼마 지나지 않아 그는 비트코인에 빠져들게 됩니다. 그러던 중 비트코인 위클리(Bitcoin Weekly)라는 블로그에 시간당 1.5달러의 임금을 받

고 글을 기고하게 되었고, 급기야 Mihai Alisie과 함께 《비트코인 매거진
(Bitcoin Magazine)》을 간행하게 됩니다. 《비트코인 매거진》은 실제로 인쇄되
어 발간된 최초의 가상화폐 관련 간행물이었습니다. 지금도 《비트코인 매
거진》에서 그가 기고한 글을 볼 수 있습니다.

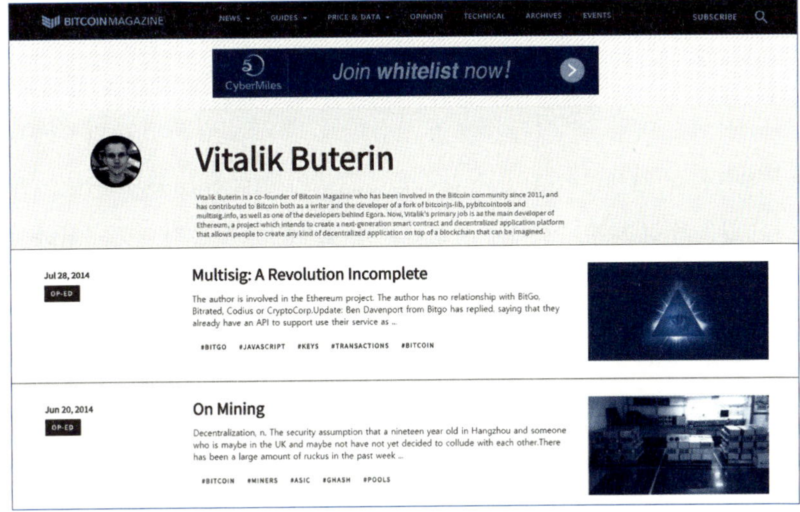


[그림 3] 《비트코인 매거진》에서 활약하던 비탈릭 부테린[2]

2013년 그는 가상화폐 관련 글을 기고하는데 주당 30시간씩 소비하고 있
음을 깨닫고 탈퇴하게 됩니다. 그 후 전 세계의 다양한 가상화폐를 연구하
였고, 그 과정에서 시장에 나와 있는 가상화폐들이 거래에만 특정되어 있
음에 착안, 여기에 프로그래밍이 가능한 신개념 가상화폐인 이더리움을 개
발하게 됩니다.

그는 현재 수학, 설계, 경제, 사회과학, 철학 등 다양한 분야에 관심을 가
지고 이를 아우르는 연구에 관심을 가지고 있습니다.

2) https://bitcoinmagazine.com/authors/vitalik-buterin/

# 이더리움의 현재[3]

현재 세상에는 약 700여 개 이상의 가상화폐가 존재합니다. 지금 이 순간에도 지구촌 어딘가에서는 새로운 가상화폐, 즉 새로운 코인이 탄생하고 있습니다. 그 안에는 신뢰성과 가치를 인정받아 성공적인 투자를 얻는 코인이 있는가 하면 투자자에게 신뢰를 주지 못하거나 기술적으로 미비하여 이름도 남기지 못한 채 사라지는 코인도 있습니다.

| # | Name | Market Cap | Price | Circulating Supply | Volume (24h) | % Change (24h) | Price Graph (7d) |
|---|---|---|---|---|---|---|---|
| 1 | Bitcoin | $92,622,934,464 | $5571.43 | 16,624,625 BTC | $1,894,080,000 | -2.79% | |
| 2 | Ethereum | $31,565,032,309 | $331.85 | 95,118,087 ETH | $634,693,000 | -3.41% | |
| 3 | Ripple | $10,118,690,373 | $0.262608 | 38,531,538,922 XRP * | $229,964,000 | 0.94% | |
| 4 | Bitcoin Cash | $5,218,275,655 | $312.44 | 16,701,475 BCH | $157,014,000 | -2.14% | |
| 5 | Litecoin | $3,471,320,685 | $65.02 | 53,386,207 LTC | $514,772,000 | 2.35% | |
| 6 | Dash | $2,288,953,427 | $300.27 | 7,622,883 DASH | $42,985,700 | -4.54% | |
| 7 | NEM | $1,859,652,000 | $0.206628 | 8,999,999,999 XEM * | $3,199,040 | -2.23% | |
| 8 | Monero | $1,430,830,267 | $94.00 | 15,221,647 XMR | $43,573,800 | -1.21% | |
| 9 | BitConnect | $1,363,053,062 | $189.94 | 7,176,230 BCC | $9,954,790 | -4.28% | |
| 10 | NEO | $1,359,835,000 | $27.20 | 50,000,000 NEO * | $34,183,200 | -4.51% | |

[그림 4] 가상화폐 시장 규모 순위

---

3) https://coinmarketcap.com/currencies/ethereum/

가상화폐 시장에서 현재까지 부동의 챔피언은 역시 비트코인입니다. 이
더리움은 현재 2위로서 무섭게 성장하는 중입니다.

[그림 5] 이더리움의 성장

2017년 10월 현재 이더리움의 거래량은 300억 달러를 넘어섰으며, 가격
은 1 ether당 약 320달러에 거래되고 있습니다.

# 블록체인 혁명

현존하거나 앞으로 발전 가능한 형태의 블록체인 혁명은 크게 3가지로 나눌 수가 있습니다. 가장 먼저 블록체인 1.0 혁명은 블록체인 기술이 신뢰성이 높고 분산화 된 원장(Ledger) 시스템으로 활용될 수 있다는 점입니다. 암호화된 화폐(Cryptocurrencies)와 이러한 화폐가 통용되는 서비스나 시스템이 될 수 있습니다. 가장 대표적인 예로는 우리가 익히 알고 있는 디지털 화폐인 비트코인(bitcoin)이 있습니다. 비트코인은 블록체인 기술을 이용하여 디지털화된 화폐를 안전하게 암호화하고, 이체에 대한 검증, 그리고 중앙은행으로부터의 완벽한 독립을 이루어냈습니다.

비트코인은 블록체인 기술을 바탕으로 하는 응용 서비스일 뿐이지 블록체인 그 자체를 의미하는 것은 아닙니다. 관련 산업에서는 종종 블록체인을 비트코인과 혼용해서 사용하지만 엄연히 다른 개념이라고 볼 수 있습니다. 아무래도 블록체인 기술을 이용해 탄생한 가장 첫 번째 디지털 암호 화폐이자 가장 크게 활성화된 어플리케이션이 비트코인이기 때문에 그렇게 와전되지 않았나 생각이 됩니다. 비트코인 외에도 Litecoin과 Dogecoin과 같은 알트코인(altcoin; alternative coin, 대체 코인)들이 있습니다.

블록체인 2.0은 블록체인 산업의 차세대 주자로서 블록체인 기술을 통해 단순히 디지털 화폐만을 주고받는 것을 넘어 자산(Asset), 즉 주식, 모기지, 부동산, 계약 등에 대한 생성과 거래가 가능하게 되었습니다. 즉 거래할 수 있는 가치의 폭이 훨씬 더 높아지게 된 것이지요. 현재 블록체인 2.0 프로토콜 기반의 프로젝트들은 다음과 같습니다[4].

[표 1] 블록체인 2.0 프로젝트

| 블록체인 2.0 프로젝트 | 설명 | 적용 기술 |
| --- | --- | --- |
| Ripple | 글로벌 송금 네트워크 구축 | 자체 블록체인 |
| Counterparty | 비트코인을 확장한 새 통화 발행 및 교환 | 비트코인 확장 네트워크 |
| Ethereum | 범용적인 목적의 프로그래밍 가능한 암호 화폐 플랫폼 | 자체 블록체인, 이더리움 가상머신 |
| Omni Layer | 디지털 자산 및 통화 생성 및 트래이딩 플랫폼 | 비트코인 확장 네트워크 |
| NXT | 지분 증명(Proof of Stake) 모델을 적용한 대체 코인(Altcoin) | 비트코인 확장 네트워크 |
| Open Transactions | 지연 시간이 없고, 추적이 불가능한 익명 거래 시스템 | 블록체인 기반이 아닌 거래 라이브러리 |
| BitShares | 분산된 암호화 주식 교환 | 자체 블록체인 |
| Open Assets | Colored 코인 발행 및 지갑 | 비트코인 확장 네트워크 |
| Colored Coins | 디지털/유형 자산을 위한 비트코인 뱅킹 인프라스트럭처 | 비트코인 확장 네트워크 |

이 중 가장 대표적인 블록체인 2.0 프로토콜 기반 프로젝트가 바로 이번 장에서 다루고 있는 이더리움입니다. 이더리움은 스마트 계약(Smart Contract)과 블록체인 네트워크상에서 배포되어 실행할 수 있는 범용적인 목적의 분산 어플리케이션인 DApp(Decentralized Application)의 개발 및 실행 환경을 지원합니다.

4) Piotr Piaseki, http://bit.ly/crypto_2_0_comp

스마트 계약은 블록체인상에서 단순히 화폐를 사고 팔수 있는 개념을 넘어, 해당 화폐에 보다 많은 명령어(Instruction)들을 탑재할 수 있는 개념을 말합니다. 즉 암호화된 디지털 화폐의 발행과 교환을 넘어 프로그래밍이 가능한 디지털 화폐(Programmable currency)로까지 발전할 수 있음을 뜻합니다. 전통적으로 계약이라 함은 각기 다른 사람이나 기업 등이 어떤 재화를 교환하기 위해서 서로 간의 신뢰를 확인할 수 있는 절차를 반드시 포함하기 마련입니다. 하지만 블록체인 기술을 기반으로 한 스마트 계약은 해당 계약의 절차가 미리 작성되어 블록체인상에 배포된 '코드'를 통해 자동으로 실행되며 분산 처리되기 때문에 서로간의 신뢰에 대한 확인이 따로 필요하지 않습니다(실제로는 블록체인의 작업 증명이 이를 대신합니다.). 따라서 블록체인 기술을 이용한 코드 기반의 계약이 사람이 중심이 되는 기존의 전통적인 계약보다 매우 안전하다고 볼 수 있는 것입니다. 이러한 스마트 계약의 다양한 애플리케이션들에 대해서는 5장에서 살펴보도록 하겠습니다.

또한, 가상화폐 스타트업 DAO(Decentralized Autonomous Organization)는 이러한 블록체인 2.0의 분산형 거래 시스템을 활용하여 사장, 직원이 없는 가상의 벤처 사업에 투자할 수 있는 다오 토큰(DAO token)이라는 일종의 펀딩 개념의 가상화폐와 서비스를 만들어 제공하고 있습니다.

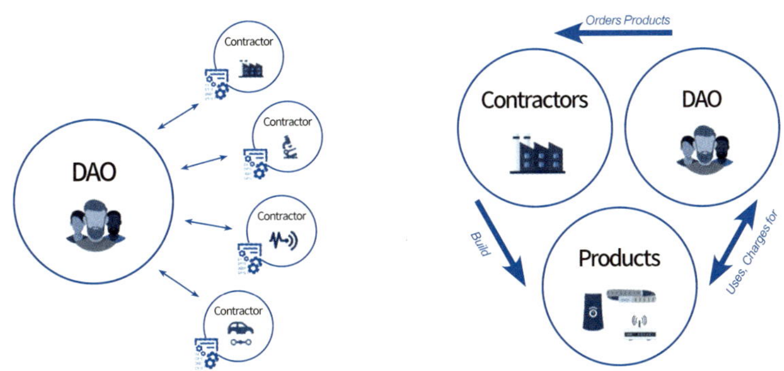


[그림 6] 가상 기업으로 투명성과 효율성을 극대화한 DAO[5]

그 외에 블록체인 2.0 프로토콜의 활용 분야는 다음과 같습니다[6].

[표 2] 다양한 블록체인 2.0의 활용 분야

| 분류 | 활용 어플리케이션 |
|---|---|
| 일반 | 에스크로 거래, 채권 계약, 써드파티, 3자 또는 다수 간 합의 |
| 금융거래 | 주식, 사적 자본, 크라우드펀딩, 채권, 상호기금(투자), 파생상품, 연금 |
| 공공기록 | 토지/부동산 소유권, 자동차 등록, 사업 허가증, 혼인 또는 사망 확인서 |
| 신분증명 | 운전면허증, 신분증, 여권, 유권자 등록 |
| 민간기록 | 차용증서, 대출, 계약, 내기, 서명, 유언장, 신탁 |
| 증명 및 입증 | 보험 가입 증명, 소유권 증명, 공증 서류 |
| 유형자산 | 집, 호텔방, 렌트카 |
| 무형자산 | 특허, 상표, 저작권, 거주권, 도메인 이름 |

---

5) The Tao of "The DAO" or: How the autonomous corporation is already here
   https://goo.gl/SN6nxd
6) Ledra Capital Mega Master Blockchain List

이 모든 자산이 블록체인의 분산된 거래 장부 기능을 사용하여 언제든지 등록, 승인 및 전송할 수 있습니다. 예를 들어 어떤 아이디어에 대한 보호를 받기 위해 특허나 상표로 등록하는 대신 블록체인에 해당 아이디어를 어떠한 양식으로든 입력하여 저장하게 되면, 블록체인으로부터 해당 아이디어의 기록 시점을 통하여 증명하고 보호받을 수 있게 되는 것 입니다.

마지막으로 미래의 블록체인 3.0 시대는 화폐와 금융, 마켓을 넘어 정부, 헬스, 과학 및 문화 등 사회 전반에 걸쳐 사용될 것으로 예측하고 있습니다. 즉 전 세계의 모든 디바이스들이 블록체인 기술을 기반으로 하나의 네트워크로 묶이는 새로운 커넥티드 컴퓨팅 월드(Connected world of Computing)를 꿈꾸고 있습니다. 지금까지의 스마트폰, 스마트 홈, 스마트 카 더 나아가 스마트 도시를 이루는 사물인터넷 센서 등 서로 다른 프로토콜과 네트워킹 기술을 통해 각기 다른 서비스를 제공하고 있었던 디바이스들이 이제는 블록체인 기술을 통해 하나로 묶인 네트워크 세상에서 어떠한 제약과 차별 없이 서로의 데이터를 안전하고, 효율적으로 주고받을 수 있을 것이라 예상합니다. 이러한 세상이 오면 사용자들끼리 디지털 화폐와 같이 단순한 가치만을 주고받는 서비스에서 벗어나 더 폭넓은 디지털 자산(부동산, 졸업장 등)에 대한 검증 및 전달, 스마트 계약을 활용한 보험 계약 이행 및 현상금 지급 등 다양한 서비스들이 탄생하게 될 것입니다.

# 2.4 이더리움 기술 백서[4)]

앞서 이더리움은 프로그래밍을 통해 화폐에 기능과 목적을 추가할 수 있다고 하였습니다. 이더리움은 DApp(Decentralized Application)을 개발하는 데 그 의미가 있으며, 튜링 완전성을 지원하는 언어를 내장하여 어플리케이션을 위한 보안 및 다른 어플리케이션과의 효율적인 상호작용이 중요한 상황에 특히 주안점을 두고 있습니다. 이더리움 사용자라면 이 언어를 사용하여 이더리움에 기능과 목적을 제공할 수 있습니다. 이더리움의 프로그래밍 언어에 대해서는 이후 4장에서 자세하게 다뤄집니다.

## 2.4.1 이더리움 계좌

이더리움의 계좌는 20바이트 길이의 주소와 계좌 간 값과 정보를 직접 전달하는 상태 변환(state transition)을 가지고 있습니다. 이더리움을 이루는 화폐인 이더는 거래를 위한 일종의 연료로서 수수료를 지급하는데 사용됩니다. 이더리움의 계좌는 외부 소유 계좌(Externally Owned Accounts), 즉 사용자 계좌와 컨트랙트 어카운트(Contract Accounts)가 있는데, 사용자 계좌와 컨트랙트 어카운트는 코드의 유무에서 차이를 보입니다. 사용자 계좌는 별도의 프로그래밍 코드가 없고 거래를 진행할 시 트랜잭션을 일으키지만, 컨트랙

---

7)  Ethereum White Paperhttps://github.com/ethereum/wiki/wiki/White-Paper

트 어카운트는 사용 시 코드를 활성화하고 명령을 수행하게 됩니다.

## 2.4.2 이더리움 트랜잭션

이더리움의 트랜잭션은 사용자 계좌가 보낸 메시지를 가진 데이터 패키지를 의미하며 다음과 같은 내용을 포함합니다.

① 메시지 수신자

② 메시지 발신자의 서명

③ 발신자가 보내는 이더

④ 데이터 필드 옵션

⑤ STARTGAS(gas 허용치)

이더리움의 거래에 있어서 수수료에 해당하는 gas는 매우 중요합니다. 이더리움의 프로그램 내에서 악의적으로 무한히 수행되는 코드가 포함되어 있을 경우, 이는 시스템의 낭비를 초래합니다. 하지만 계산 수행 시 수수료를 지급하게 함으로써 연산의 제한을 두어 이를 방지합니다.

⑥ GASPRICE(gas 가격)

계산의 기본 단위는 gas이며, 연산마다 비용이 조금씩 다릅니다. 보통 연산할 데이터의 양이 많은 경우 더 많은 gas가 소요됩니다. 일반적으로 바이트당 5 gas가 소요됩니다.

이더리움의 트랜잭션에서 수수료 시스템은 악의적인 공격자의 공격을 방어하고, 저장소와 시스템을 보호하는 데 그 의미가 있습니다. 만약 악의적으로 영원히 실행이 끝나지 않을 무한 루프를 수행하게 하려면 엄청난 양의 금액이 필요할 테니까요.

## 2.4.3 이더리움 메시지

메시지는 컨트랙트 어카운트 간 전달받는 일종의 객체입니다. 메시지는 다음과 같은 내용을 포함합니다.

① 발신처
② 수신처
③ 메시지와 함께 전달되는 이더
④ 데이터 필드 옵션
⑤ STARTGAS

메시지는 트랜잭션과 매우 유사하지만 컨트랙트 어카운트에 의해 생성됩니다. 메시지에 포함된 STARTGAS는 트랜잭션의 그것과 동일하게 공격자로부터 시스템을 보호하는 데 목적이 있습니다.

## 2.4.4 이더리움 채굴

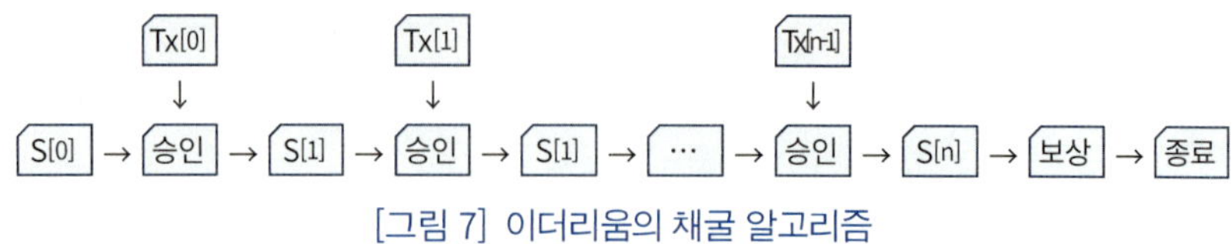



[그림 7] 이더리움의 채굴 알고리즘

이더리움 블록은 비트코인 블록과 달리 트랜잭션 리스트와 가장 최근의 상태를 저장하고 있습니다. 기본적인 블록 검증 알고리즘은 다음과 같습니다.

① 참조하는 이전 블록의 유효성을 확인한다.

② 현재 블록과 이전 블록의 타임스탬프를 확인한다.

③ 블록이 포함하는 정보가 유효한지 확인한다.

④ 블록에 포함된 작업 증명이 유효한지 확인한다.

⑤ 이전 블록의 마지막 상태, 블록에서 총 소모된 gas가 유효한지 확인한다.

⑥ 채굴자에게 보상된 블록이 최종 상태와 같은지 확인한다.

이러한 접근이 비효율적으로 보이지만 실제로는 트리의 작은 부분만 변경되므로 비트코인보다 효율적이며, 비트코인에 비해 5배에서 20배의 저장 공간 효율을 얻을 수 있습니다. 그리고 컨트랙트 프로그램은 블록에 포함되며 블록체인의 검증을 수행하는 모든 노드에서 실행됩니다.

이더리움은 채굴자가 상태 정보에서 무작위로 가져온 최근 몇 개의 블록을 연산합니다. 이렇게 함으로써 채굴자는 전체 블록체인을 다운로드 받아 이체 명세를 검증해야 하지만 중앙 집중화된 대형 풀이 필요가 없습니다. 그러므로 한 블록당 하나의 노드만 보상을 받기 때문에 어쩌면 평생 보상을 받지 못하는 노드도 존재할 수 있습니다.


## 2.4.5 이더리움 어플리케이션

이더리움을 이용하여 다음과 같은 어플리케이션을 작성할 수 있습니다.

① 금융 관련 어플리케이션

돈과 직접적으로 관련된 어플리케이션으로 하위 화폐, 파생상품, 지갑, 펀드 등이 이에 해당합니다.

② 준금융 어플리케이션

돈과 관련 있지만 미션 수행 시 포상이 주어지는 상당 부분 비화폐적인 면이 존재하는 어플리케이션입니다. 예를 들어 도박, 복권, 또는 경매 등이 이에 해당합니다.

③ 온라인 투표

참여자가 권한을 행사하여 결과를 반환하는 금융과 관련성이 없는 어플리케이션을 만들 수 있습니다.

이와 같이 이더리움을 통해 구현할 수 있는 어플리케이션은 뒤에 이어질 5장에서 다양한 예제를 통해 다루도록 하겠습니다.

## 2.4.6 기타

이더리움은 그 안에서 자체적으로 통용되는 이더라는 화폐를 가지고 있으며, 실제 화폐가 달러와 센트로 나뉘듯이 단위에 따라 wei, szabo, finney, ether로 나뉩니다. 이는 비트코인이 BTC와 사토시로 나뉘는 것과 같은 개념으로 ether는 일반 거래를, finney는 소액 결재를, 그리고 szabo와 wei는 수수료를 지급하는데 사용될 것으로 기대됩니다.

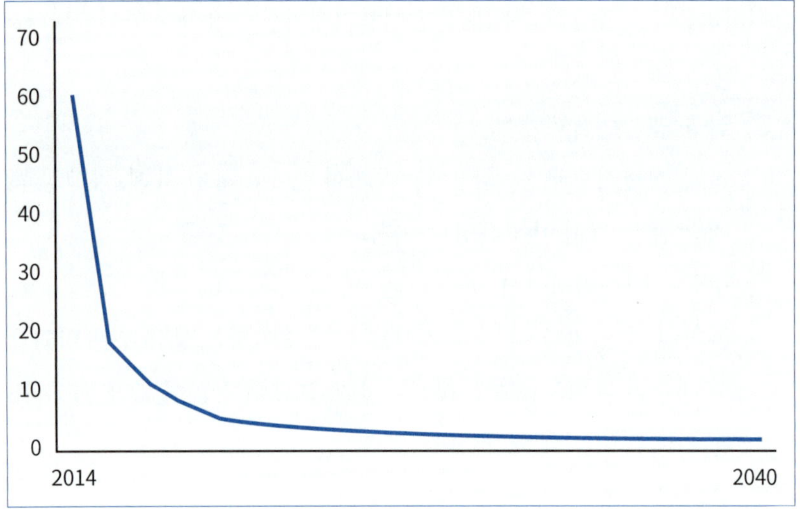

[그림 8] 이더 장기 공급 성장률(%)

이더 또한 비트코인처럼 공급량이 제한되어 있습니다. 이더의 공급량은 추후 [그림 8]과 같이 변화될 것으로 보입니다. 마치 비트코인처럼 발행량이 0에 수렴하게 됩니다. 이더리움 재단은 채굴 이후에는 사회적 계약(social contract)에 의해 이더가 지속적으로 공급되게 할 계획이라고 합니다.

# 2.5 이더리움 개요를 마치며

이번 장에서는 이더리움의 탄생 및 역사, 그리고 간략한 기술적인 개요에 대해 짚어 보았습니다. 다음 장에서는 이더리움의 클라이언트 설치 및 개발 환경 설정을 진행하도록 하겠습니다. 이제부터 시작입니다. 그럼 다음 장에서 뵙겠습니다!

# 이더리움(Ethereum) 클라이언트

이번 장에서는 다음 장부터 배우게 될 이더리움 프로그래밍을 통해 어플리케이션을 배포하고 테스트할 수 있는 이더리움 클라이언트 네트워크 환경 구축 방법에 대해 알아봅니다. 먼저 이더리움의 다양한 클라이언트에 대해 살펴보고, 이더리움의 대표적 클라이언트 프로그램인 Geth를 설치하고 사용하는 방법에 대해서 알아보도록 합니다. 이어서 개발한 이더리움 어플리케이션을 실제 이더리움 네트워크에 배포하기 전에 사전 테스트해 볼 수 있도록 사설 이더리움 네트워크를 구축하고, 공식 이더리움 Wallet 및 어플리케이션 브라우저인 Mist 브라우저를 이용하여 사설 네트워크상에서 간단한 송금을 실습하겠습니다.

## 3.1 이더리움 클라이언트 소개

이더리움은 분산 네트워크 기반의 플랫폼으로서 중앙 집중형 서버 프로그램이 따로 존재하지 않고 오로지 클라이언트 프로그램만 존재합니다. 이더리움 클라이언트는 멀티 플랫폼 환경을 지원하기 위해 다양한 프로그래밍 언어로 개발되고 있으며, 사용자는 자신의 환경에 맞는 클라이언트를 골라 사용할 수 있습니다. 아래 표는 현재 개발되어 오고 있는 이더리움 클라이언트들을 보여줍니다(2017년 10월 기준).

[표 1] 이더리움 클라이언트

| 클라이언트 | 개발 언어 | 개발자 | 최신 버전 | 릴리즈 날짜 |
|---|---|---|---|---|
| Go Ethereum | Go | Ethereum Foundation | 1.7.2 | 2017년 10월 |
| Parity | Rust | Ethcore | 1.7.6 | 2017년 10월 |
| cpp-ethereum | C++ | Ethereum Foundation | 1.3.0.401 | 2016년 7월 |
| pyethapp | Python | Ethereum Foundation | 1.5.0 | 2016년 8월 |
| EthereumJS-lib | Javascript | Ethereum Foundation | 1.0.2 | 2015년 11월 |
| Ethereum(J) | Java | 〈ether.camp〉 | 2.1.0 | 2017년 10월 |
| ruby-ethereum | Ruby | Jan Xie | 0.11.0 | 2016년 11월 |
| ethereumH | Haskell | BlockApps | 상용으로 전환 | – |

표에서 보는 바와 같이 Ethereum Foundation에서는 구글에서 만든 프로그래밍 언어 Go 언어로 개발된 Go Ethereum과 Rust로 개발된 Parity를 이더리움의 메인 클라이언트로 개발하고 있습니다. 이 두 클라이언트는 짧게는 하루 간격으로, 길어도 한 달 내지 두 달 간격으로 새로운 버전이 릴리즈되는 등 활발하게 개발되고 있습니다[1]. 2015년에 정식 서비스를 시작한 이더리움(코드명 Frontier)은 2016년 공개된 Homestead 단계를 넘어 최근 2017년 10월 16일에 비잔티움(Byzantium)이라는 이더리움 로드맵을 충실히 이행 중에 있습니다.

단순히 범용 이더리움 네트워크를 사용하는 일반 사용자들이라면 Mist라는 그래픽 유저 인터페이스(GUI) 기반의 이더리움 지갑만 설치하더라도 충분히 원하는 서비스나 기능들을 이용할 수 있습니다. Mist 브라우저라고도 불리는 이 이더리움 지갑은 이더리움 플랫폼에서 운영되는 DApp(Distributed Application) 중 하나로써, 쉽게 말해 이더리움이라는 운영 체제에서 실행되는 앱이라고 볼 수 있습니다. 또한, Mist는 Go Ethereum이나 cpp-ethereum 등의 이더리움 클라이언트 없이 단독으로 실행될 수 없습니다. 하지만 이더리움 클라이언트를 설치하지 않고 Mist를 실행하더라도 Mist를 설치하면서 기본적으로 포함되는 기본 이더리움 클라이언트인 Go Ethereum을 먼저 실행하여 이때 생성된 블록체인과 동기화를 진행합니다.

만약 사용자가 이더리움을 통해 단순히 Mist를 사용하여 계좌를 계설하고, 관리하는 것에 만족하지 않고, 자신만의 DApp을 개발하고 테스트하고 싶다면, 이더리움 사설(Private) 네트워크 구축을 생각해 볼 수 있습니다. 사설 이더리움 네트워크는 공용(public) 이더리움과는 달리 이더를 사용자가 원하는대로 설정하여 사용할 수 있기 때문에 DApp을 배포하고 사용하는데 아무런 제약이 없습니다. Mist와 같은 DApp은 설치하지 않아도 무방하며, 순

---

1) https://ko.wikipedia.org/wiki/이더리움

수하게 이더리움 클라이언트만을 설치하여 사설 네트워크를 구축하면 됩니다. 구축된 이더리움 네트워크에 접속하기 위해서는 이더리움 클라이언트가 기본적으로 제공하는 자바스크립트 콘솔을 사용하면 됩니다.

## 3.2 Go Ethereum 소개

앞서 소개한 이더리움 클라이언트 중에 우리는 Go Ethereum을 설치해 보겠습니다. Go Ethereum은 cpp-ethereum 및 pyethapp과 함께 이더리움 프로토콜을 구현하고 있는 클라이언트 중 하나입니다. Google에서 만든 Go 언어를 기반으로 개발되었으며, GNU LGPL v3 라이선스를 따르고 있는 오픈소스이기 때문에 누구나 소스 코드를 살펴보고 개발에 기여할 수 있습니다. Go Ethereum 클라이언트 소스 코드가 관리되는 깃 허브는 다음과 같으며, 현재 개발되는 상황, 개발자, 버전 정보 등을 살펴볼 수 있습니다.

http://github.com/ethereum/go-ethereum

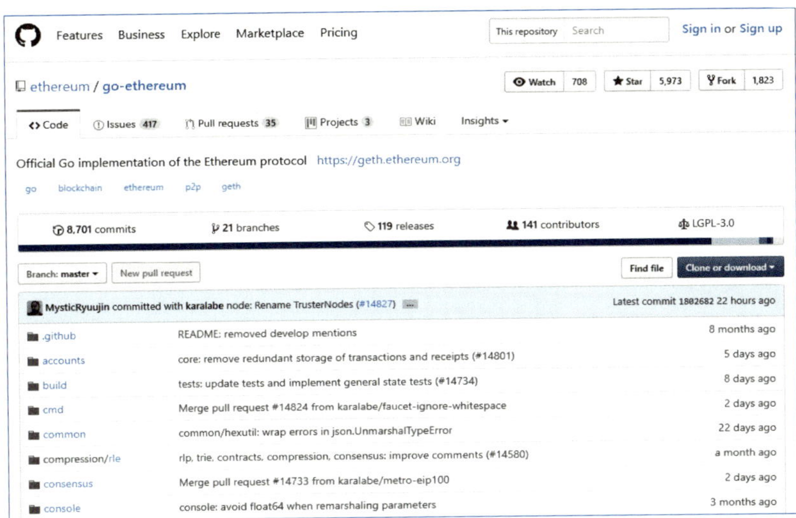

[그림 1] Go Ethereum 클라이언트의 깃 허브 메인 페이지

Go Ethereum은 Ethereum Foundation에서 개발하고 있는 이더리움 메인 클라이언트로서 꾸준한 관리와 업데이트를 통해 향상된 성능과 다양한 기능들을 제공합니다. 또한, 버그에 대한 피드백이 빠르고, 패치가 자주 이루어져 다른 이더리움 클라이언트보다 상대적으로 안정화 된 클라이언트라고 볼 수 있습니다. Go Ethereum은 이더리움 네트워크가 운영되기 위한 필수 기능들이 완전하게 정착되고 일정한 성능을 보장하는 안정화(stable) 버전과 다양한 실험적인 기능들이 추가되고, 잦은 패치가 이루어지는 개발자 빌드 버전이 존재합니다. 개발자 버전의 경우, 너무 잦은 업데이트로 인해 기능들이 수시로 추가되거나 삭제되면서 관련 명령어들 역시 변경 및 삭제되는 경우가 빈번하게 발생하며, 잠재된 버그들도 많습니다. 하지만 이런 개발자 버전이 지속적으로 수정되면서 보다 안정된 버전으로 업데이트 됩니다.

# 3.3 Go Ethereum 클라이언트(Geth) 설치

이 절에서는 이더리움 클라이언트의 기본적인 기능을 살펴보기 위해 Go Ethereum의 클라이언트 프로그램인 Geth를 다운로드하여 설치하는 방법에 대해 살펴봅니다. Geth는 다양한 플랫폼(Linux, iOS, Android)과 아키텍처(64/32비트)를 지원합니다. 또한, Geth깃 허브에서 소스코드를 다운로드 받아 직접 빌드하여 사용하거, 설치 패키지를 받아 간편하게 설치하여 사용할 수도 있습니다. 직접 빌드하는 방법은 다음 웹페이지를 참고하길 바라며 우리는 설치 패키지를 다운로드 받아 설치하도록 하겠습니다.

https://ethereum.github.io/go-ethereum/install/#build-it-from-source-code

아래 그림은 Geth 설치 패키지를 다운로드 받을 수 있는 공식 페이지로써 다양한 플랫폼과 아키텍처를 지원하는 설치 패키지들을 볼 수 있습니다. 우리는 안정화된 버전을 설치할 것이므로 'Stable releases'에서 원하는 설치 패키지를 다운로드 받습니다.

https://ethereum.github.io/go-ethereum/downloads/

## Stable releases

These are the current and previous stable releases of go-ethereum, updated automatically when a new version is tagged in our GitHub repository.

Android   iOS   Linux   macOS   Windows

| Release | Commit | Kind | Arch | Size | Published | Signature | Checksum (MD5) |
|---|---|---|---|---|---|---|---|
| Geth 1.7.2 | 1db4ecdc··· | Installer | 32-bit | 29.78 MB | Last Saturday at 11:53 PM | Signature | 2167525fd0b614ddcfb391174665e720 |
| Geth 1.7.2 | 1db4ecdc··· | Archive | 32-bit | 8.7 MB | Last Saturday at 11:52 PM | Signature | 50b353bf3639a502b06e0098c751df67 |
| Geth 1.7.2 | 1db4ecdc··· | Installer | 64-bit | 31.46 MB | Last Saturday at 11:38 PM | Signature | f21743ee188ab75f7f1a799b479996de |
| Geth 1.7.2 | 1db4ecdc··· | Archive | 64-bit | 9.1 MB | Last Saturday at 11:37 PM | Signature | b34d22226c2d8c6729b4c01a2f25f818 |
| Geth & Tools 1.7.2 | 1db4ecdc··· | Archive | 32-bit | 41.97 MB | Last Saturday at 11:52 PM | Signature | b5722927277fc9da029bb4505a454e33 |
| Geth & Tools 1.7.2 | 1db4ecdc··· | Archive | 64-bit | 43.88 MB | Last Saturday at 11:37 PM | Signature | 169a74be1f774228f75b2acdee2f8edd |
| Geth 1.7.1 | 05101641··· | Installer | 32-bit | 29.8 MB | 10/04/2017 | Signature | 0ae4789ca012bf2639c0d718bc2e0319 |
| Geth 1.7.1 | 05101641··· | Archive | 32-bit | 8.7 MB | 10/04/2017 | Signature | 4a198f5c736b86515a042873a5c7165b |
| Geth 1.7.1 | 05101641··· | Installer | 64-bit | 31.47 MB | 10/04/2017 | Signature | 7785ddcc5bf12e739611122a02da88d6 |
| Geth 1.7.1 | 05101641··· | Archive | 64-bit | 9.1 MB | 10/04/2017 | Signature | 02181499l3290d047c1b24032f573f02 |
| Geth & Tools 1.7.1 | 05101641··· | Archive | 32-bit | 41.99 MB | 10/04/2017 | Signature | d3b930fa484facc299b8fbfb0c09664c |
| Geth & Tools 1.7.1 | 05101641··· | Archive | 64-bit | 43.89 MB | 10/04/2017 | Signature | 573c4a9fa731f9a4442767618238fcdf |

[그림 2] Geth 다운로드 페이지

Windows 사용자의 경우, 설치 패키지를 다운로드 받아 설치하거나 실행 파일을 직접 다운로드 받아 사용하는 것이 일반적이며, Linux 사용자의 경우 직접 빌드하여 사용하는 것이 아니라면 PPAs(Personal Package Archives)를 통해서 다운로드 받아 설치하는 방법이 가장 쉽습니다.

Geth 설치 패키지에는 기본적으로 Geth 프로그램이 포함되어 있으며, 추가적으로 이더리움 관련 도구들을 설치할 수 있습니다. Geth를 포함하여 설치할 수 있는 도구들은 다음과 같습니다.

| 프로그램 | 설명 |
| --- | --- |
| Geth | CLI(Command Line Interface) 기반 메인 이더리움 클라이언트입니다. 메인 테스트 또는 사설 이더리움 네트워크에 접근할 수 있는 입구와 같은 역할을 수행하는 프로그램으로 이더리움의 모든 상태를 저장하는 풀 아카이브 노드(full archive node) 또는 실시간으로 검색 데이터를 검색할 수 있는 라이트 노트(light node) 기능도 가지고 있습니다.<br>또한, Geth는 HTTP의 최상단에 위치한 JSON RPC, 웹소켓(websoket) 또는 IPC 전송을 통해 이더리움 네트워크에 접근할 수 있는 게이트웨이로도 사용될 수 있습니다. Geth의 옵션에 대한 도움말은 geth --help와 다음 명령어 도움말 페이지에서 확인할 수 있습니다.<br><br>https://github.com/ethereum/go-ethereum/wiki/Command-Line-Options |
| abigen | 이더리움의 핵심 기술 중의 하나인 계약 정의부에 대해서 추후 다른 사용자나 어플리케이션에서 사용하기 용이한 코드로 변환해 주는 소스 코드 생성기입니다. |
| Bootnode | 불필요한 기능들을 뺀 이더리움 클라이언트 버전으로 오로지 네트워크상에 노드를 발견하는 프로토콜의 역할만 수행할 뿐, 그 이상의 어플리케이션 레벨의 프로토콜의 기능은 수행하지 않습니다. 사설 네트워크상의 peer들을 찾는데 도움을 주는 라이트 웨이트 부트스트랩 노드(light weight bootstrap node)로서 사용될 수 있습니다. |
| EVM | EVM(Ethereum Virtual Machine)의 개발자 유틸리티 버전입니다. 컴파일된 바이트 코드를 실행하기 위해서 Geth에 접속할 필요 없이, 간단하게 테스트를 진행할 용도로 사용될 수 있습니다. |
| gethrpctest | 이더리움 JSON RPC 스펙 준수 여부를 확인하는 개발자 유틸리티 도구입니다. |
| rlpdump | 이더리움 프로토콜 네트워크 및 합의에 사용되는 데이터 인코딩인 바이너리 RLP(Recursive Length Prefix) 덤프를 사용자 친화적인 계층적 표현으로 변환해 주는 개발자 도구입니다. |

## 3.3.1 Linux에서 Geth 설치하기

본 절에서는 Linux에서 Geth를 설치하는 방법에 대해 알아보겠습니다. Geth를 컴파일하여 설치하는 방법도 있지만, 그 과정이 매우 복잡하고 불필요한 패키지와 라이브러리들이 많기 때문에 패키지 관리 명령어인 apt-get(Advanced Packaging Tool)을 통해서 Geth 최신 버전을 설치하는 방법에 대해서 알아봅니다.

① Geth 관련 패키지 설치하기

Geth를 설치하기에 앞서 터미널을 열어 관련 패키지(git, curl, npm, nodejs)를 설치합니다. 관련 패키지가 이미 설치되어 있다면 이 과정은 생략해도 좋습니다.

```
$ sudo apt-get -y install git curl npm nodejs
```

② 이더리움 저장소 추가 및 업데이트하기

apt에 이더리움 저장소를 추가한 후 업데이트를 시도합니다.

```
$ sudo apt-get install software-properties-common
$ sudo add-apt-repository -y ppa:ethereum/ethereum
$ sudo apt-get update
```

먼저 Geth와 같은 독립적인 소프트웨어를 관리하기 위한 프로그램인 software-properties-common을 설치합니다. 기존에 외부 소프트웨어 패키지를 업데이트하거나 설치한 적이 있다면 이 프로그램은 이미 설치되어 있을 수도 있습니다.

다음으로 add-apt-repository를 통해서 Geth를 다운로드 받을 수 있는 저장소를 PPA를 통해 추가한 후 업데이트를 실행합니다.

아래 그림과 같은 결과가 출력되었다면 Geth를 설치할 준비가 끝난 것입니다.

```
Hit:1 http://kr.archive.ubuntu.com/ubuntu xenial InRelease
Get:2 http://security.ubuntu.com/ubuntu xenial-security InRelease [102 kB]
Hit:3 http://kr.archive.ubuntu.com/ubuntu xenial-updates InRelease
Hit:4 http://ppa.launchpad.net/ethereum/ethereum-dev/ubuntu xenial InRelease
Hit:5 http://kr.archive.ubuntu.com/ubuntu xenial-backports InRelease
Hit:6 http://ppa.launchpad.net/ethereum/ethereum/ubuntu xenial InRelease
Fetched 102 kB in 1s (72.5 kB/s)
Reading package lists... Done
```

[그림 3] Geth 설치 준비 완료 화면

③ Geth 최신 버전 설치하기

apt에 등록된 이더리움 저장소에서 설치 가능한 버전을 확인하기 위해서는 아래와 같은 명령어를 입력합니다.

```
$ apt-cache madison geth
```

위와 같은 명령어를 입력하면 다음과 같은 Geth의 버전 정보와 설치 플랫폼이 출력됩니다.

```
  geth | 1.7.2+build11187+xenial | http://ppa.launchpad.net/ethereum/ethereum/
ubuntu xenial/main amd64 Packages
```

[그림 4] Geth 정보

일반적으로 다른 패키지들은 과거 버전까지 모두 다운로드 받을 수 있지만 Geth의 경우에는 최신 버전만 다운로드 받을 수 있습니다. 따라서 다운로드 받을 버전을 명시하지 않고 아래와 같이 일반적인 설치 방법을 시도하면 가장 최신 버전을 다운로드 받게 됩니다.

```
$ sudo apt-get -y install ethereum
```

설치 환경이 올바르게 설정되었다면 다음과 같이 총 8개의 이더리움 관련 프로그램이 설치됩니다.

```
Setting up swarm (2.1.6-1) ...
Setting up abigen (1.7.2+build11187+xenial) ...
Setting up bootnode (1.7.2+build11187+xenial) ...
Setting up evm (1.7.2+build11187+xenial) ...
Setting up geth (1.7.2+build11187+xenial) ...
Setting up puppeth (1.7.2+build11187+xenial) ...
Setting up rlpdump (1.7.2+build11187+xenial) ...
Setting up wnode (1.7.2+build11187+xenial) ...
Setting up ethereum (1.7.2+build11187+xenial) ...
```

[그림 5] 설치 완료

④ 설치 확인

터미널을 통해 Geth를 실행하여 올바르게 설치가 되었는지 확인합니다.

```
$ sudo geth
```

```
WARN [10-16|22:51:17] No etherbase set and no accounts found as default
INFO [10-16|22:51:17] Starting peer-to-peer node              instance=Geth/v1.7.2-stable-1db4ecdc/
linux-amd64/go1.9
INFO [10-16|22:51:17] Allocated cache and file handles        database=/home/jungbini/.ethereum/get
h/chaindata cache=128 handles=1024
INFO [10-16|22:51:17] Writing default main-net genesis block
INFO [10-16|22:51:17] Initialised chain configuration         config="{ChainID: 1 Homestead: 115000
0 DAO: 1920000 DAOSupport: true EIP150: 2463000 EIP155: 2675000 EIP158: 2675000 Byzantium: 4370000 E
ngine: ethash}"
INFO [10-16|22:51:17] Disk storage enabled for ethash caches  dir=/home/jungbini/.ethereum/geth/eth
ash count=3
INFO [10-16|22:51:17] Disk storage enabled for ethash DAGs    dir=/home/jungbini/.ethash
     count=2
INFO [10-16|22:51:17] Initialising Ethereum protocol          versions="[63 62]" network=1
INFO [10-16|22:51:17] Loaded most recent local header         number=0 hash=d4e567..cb8fa3 td=171798
69184
INFO [10-16|22:51:17] Loaded most recent local full block     number=0 hash=d4e567..cb8fa3 td=171798
69184
INFO [10-16|22:51:17] Loaded most recent local fast block     number=0 hash=d4e567..cb8fa3 td=171798
69184
INFO [10-16|22:51:17] Regenerated local transaction journal   transactions=0 accounts=0
INFO [10-16|22:51:17] Starting P2P networking
```

[그림 6] 설치 확인

# 3.3.2 Windows에서 Geth 설치하기

실행 파일이 모여 있는 압축 파일을 받아 사용하기보다 어떤 경로에서나 자유롭게 Geth를 실행하기 위해 설치 패키지를 다운로드 받아 사용하는 것을 추천합니다. 현재(2017년 10월 기준) Geth의 최신 버전은 1.7.2이며 아래 웹 페이지에서 다운로드 받을 수 있습니다.

https://geth.ethereum.org/downloads/

위의 사이트에서 원하는 버전과 플랫폼의 Geth의 Installer를 다운로드 받고, 설치 파일을 실행하여 다음 순서대로 설치를 진행합니다.

① Geth 설치 컴포넌트 선택

다음과 같이 라이선스 정책에 동의하고 설치 컴포넌트 선택 화면에서 Geth가 선택되었는지 확인하고 다음으로 진행합니다. Development Tools는 필요한 경우 설치합니다.

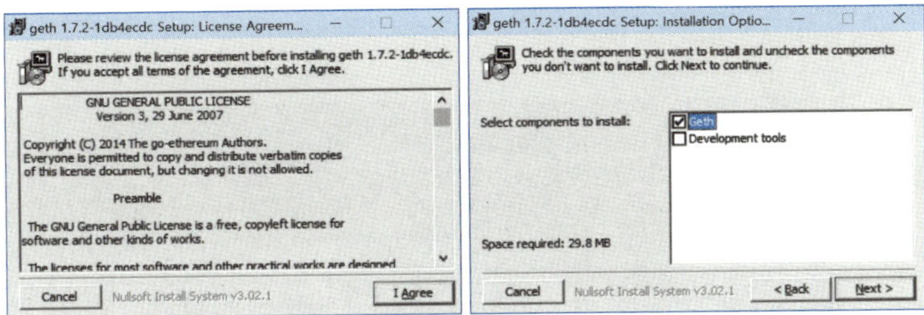

[그림 7] Geth 설치 컴포넌트 선택 화면

② Geth 설치

프로그램을 설치할 폴더를 확인한 후, 다음으로 진행하면 설치가 시작됩니다.

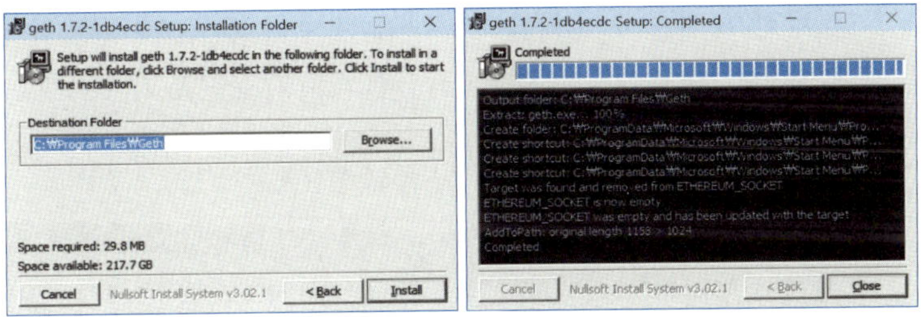

[그림 8] Geth 설치

③ Geth 설치 확인

Geth가 정상적으로 설치되었는지 확인하기 위해 명령 프롬프트를
열어 실행을 확인합니다.

```
> geth
```

[그림 9] Geth 실행 화면

정상적으로 실행이 된다면 [그림 9]와 같은 화면이 출력됩니다. 아직
아무런 옵션을 주지 않았기 때문에 사설 네트워크가 아닌 공용 이더
리움 네트워크에 접속하게 됩니다. 클라이언트가 실행되면 따로 종
료할 수 있는 방법이 없기 때문에, Ctrl+C 또는 명령 프롬프트 창을
닫아서 종료합니다. 만약 Geth가 실행되지 않는다면 다음과 같이 [시
스템 속성] → [환경 변수] → [시스템 변수] → [편집]에서 Geth를 설
치한 폴더를 추가합니다.

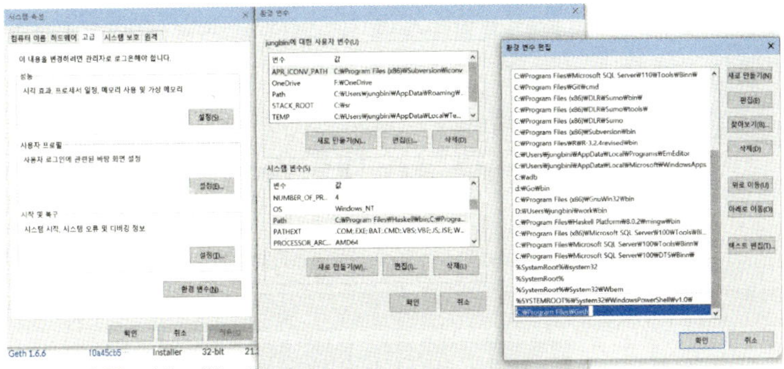

[그림 10] 환경 변수 설정

우리는 앞으로 이 Windows 버전의 Geth를 사용하여 이더리움 사설 네트워크를 구축하고 실습할 것입니다.

# 사설 이더리움 네트워크 구축하기

이번 절에서는 사용자가 Geth를 사용하여 직접 이더리움 사설 네트워크를 구축하는 방법에 대해서 알아보도록 하겠습니다. 공용 이더리움 네트워크상에서 개발자가 새롭게 만든 DApp을 배포하려면 실제 이더를 소비하여 컴파일된 코드를 블록으로 저장해야 합니다. 운이 좋게도 이 DApp이 아무런 오류 없이 실행된다면 단 한번의 배포 비용만을 지불하면 되겠지만, 만들어진 DApp에 오류가 발견된다면 수정 후 다시 배포를 해야 하기 때문에 추가로 이더를 소비해야만 합니다. 따라서, 개발한 DApp을 이더 걱정 없이 마음 편하게 테스트할 수 있는 공간이 필요합니다. 이더리움 사설 네트워크에서 이더를 개발자 또는 사용자가 원하는 만큼 생성하거나 채굴할 수 있기 때문에 DApp을 테스트 하는데 매우 효율적인 공간입니다.

이러한 사설 네트워크를 구축하기 위해서 우리가 새롭게 생성하거나 설정해야 할 요소들은 아래와 같습니다.

① Genesis 블록 파일 생성: 이더리움 네트워크에서 사용되는 블록체인의 최초 시작 블록을 생성합니다.

② Data 디렉토리 설정: 계좌나 블록 정보들이 저장될 디렉토리를 설정합니다.

③ 네트워크 ID 설정: 사설 이더리움 네트워크의 ID를 정의합니다.

④ Node Discovery 비활성화: 이더리움 네트워크에 있는 모든 노드들은 끊임없이 다른 노드를 찾아 자신의 peer로 등록하게 되는데 테스트의 용도로 구성된 사설 네트워크에서는 이러한 과정이 필요하지 않으므로 비활성화합니다.

본격적인 사설 네트워크 구축에 앞서 Geth 클라이언트 프로그램의 몇 가지 옵션에 대해서 살펴보겠습니다. 이러한 옵션을 통해 이더리움 네트워크 환경을 설정할 수 있습니다.

① --identity

다른 이더리움 네트워크와 구분 짓기 위한 일종의 식별자(ID) 역할을 합니다.

② --nodiscovery

앞서 설명한 바와 같이 이더리움 네트워크의 모든 노드들은 지속적으로 다른 노드를 찾아 자신의 peer로 등록하려고 시도합니다. 해당 옵션은 이들로부터 나의 노드를 발견하지 못하게 숨기는 역할을 합니다.

③ --maxpeers 0

이 옵션 값을 0으로 하면 어떠한 노드도 사설 네트워크에 접속할 수 없습니다. 원하는 개수의 peer들만 사설 네트워크에 연결할 수 있도록 설정할 수도 있습니다.

④ --rpc

해당 이더리움 노드에 접근할 수 있는 RPC 인터페이스를 활성화합니다. Geth에서는 기본적으로 활성화되어 있습니다.

⑤ --rpcapi "db, eth, net, web3, miner"

RPC 인터페이스를 통해서 어떤 API를 사용할 것인지 정의할 수 있습니다. web3는 기본 API로 정의되어 있으므로 명시적으로 정의하지 않아도 됩니다. RPC 인터페이스가 활성화되면 누구나 API를 통해서 노드에 접근할 수 있기 때문에 필요한 API만 정의합니다.

⑥ --rpcaddr

RPC 인터페이스를 통해 접근을 허용할 IP 주소를 설정할 수 있습니다. 0.0.0.0으로 설정할 경우, 모든 내부 네트워크 IP가 접근할 수 있습니다.

⑦ --rpcport "8123"

RPC 인터페이스에 접근하기 위한 포트를 정의합니다.

⑧ --rpccorsdomain "*"

해당 옵션은 사설 네트워크에 어떤 주소를 가진 RPC 클라이언트들이 접근하여 작업을 수행할 수 있는지를 정의할 수 있습니다. 인증되지 않은 노드들이 RPC를 통해서 사설 네트워크에 접속하는 것을 막기 위해 와일드카드(*) 대신에 특정 URL을 정의하는 것이 좋으나, 단순히 DApp을 테스트하기 위한 용도라면 와일드카드를 사용해도 무방합니다.

⑨ --datadir "(path)"

사설 네트워크의 블록 데이터들이 저장될 폴더를 지정합니다. 만약 공개 네트워크를 같이 사용하고자 한다면, 사설 네트워크용 폴더를 확실하게 구분해서 지정해야 합니다.

⑩ -- port "30303"

이더리움 네트워크의 노드들이 수동으로 사설 네트워크에 접속하기 위한 포트를 정의합니다.

⑪ --mine

이더리움 채굴을 활성화합니다.

이러한 옵션을 설정함으로써 사설 이더리움 네트워크를 구축합니다. 기타 다른 옵션은 아래 웹페이지에서 참고할 수 있습니다.

https://github.com/ethereum/go-ethereum/wiki/Command-Line-Options

## 3.4.1 Geth 클라이언트 계좌 만들기

사설 네트워크를 구축하기에 앞서 Geth 클라이언트용 개인 계좌(Account)를 개설해야 합니다. 개인이 은행 계좌를 여럿 개설할 수 있듯이, 이더리움 클라이언트도 계좌를 제한 없이 생성할 수 있습니다.

Geth 클라이언트의 계좌를 생성하기 위해서는 기본적으로 이더리움 사설 네트워크를 구축한 후 콘솔에 접속하여 개설하는 방법과 Geth 클라이언트를 실행하기 전에 미리 계좌를 생성하는 방법이 있습니다.

우리는 일단 이더리움 사설 네트워크를 구축하기 전에 새로운 계좌를 만들어 보겠습니다. 앞서 다룬 --datadir 옵션은 블록 데이터와 계좌 정보가 저장될 폴더를 지정하는 옵션으로 여기서는 "C:\ethereum\data"로 정의 하였습니다. 이것은 사용자가 원하는 폴더로 얼마든지 변경할 수 있습니다.

```
> geth --datadir "C:\ethereum\data" account new
```

위의 명령어를 실행하면 계좌의 비밀번호를 묻게 되는데 편의상 "1stAccount"로 설정하였습니다.

[그림 11] Geth 클라이언트 계좌 생성

올바르게 실행되었다면 Geth 클라이언트는 새롭게 개설된 20바이트 크기의 16진수 형태를 가진 공개 계좌 주소를 출력합니다. [그림 11]의 결과에서는 '6ad 0004dcf7390bc0a1dd6ff58a65cdea3938b67'이 계좌의 주소입니다. 계좌와 관련된 데이터인 주소나 생성 일 등은 "C:\ethereum\data\keystore"에 저장됩니다. 또한, 여러 계좌가 존재할 때를 대비해 기본(default) 계좌를 설정해야 하는데 이를 설정하지 않아 경고 메시지("No etherbase set and no accounts found as default")가 출력되었지만 지금은 하나의 계좌만 사용할 것이므로 크게 신경 쓰지 않아도 됩니다.

아래와 같이 'account list' 옵션을 사용하면 우리가 개설한 계좌의 정보를 조회할 수 있습니다. 계좌 정보가 저장된 경로를 올바르게 지정하지 않으면 공용 이더리움 네트워크의 계좌가 출력되므로 주의합니다.

```
> geth --datadir "c:\ethereum\data\" account list
```

계좌가 올바르게 개설되었다면 아래와 같이 계좌에 대한 정보가 출력됩니다. 하나의 계좌만 개설하였으므로 'Account #0'이라는 계좌에 대한 정보만 출력될 것입니다.

[그림 12] Geth 클라이언트 계좌 확인

이러한 계좌의 주소는 보통 이더리움 클라이언트나 스마트 컨트랙트 코드에서 앞에 주소를 나타내는 접두사인 '0x'를 붙여서 사용합니다.

## 3.4.2 사설 네트워크의 Genesis 블록 파일 정의

Genesis 블록은 이더리움의 기반인 블록체인의 가장 첫 번째 블록(block0)으로서 이전 블록에 대한 정보를 갖고 있지 않는 유일한 블록입니다. 이더리움은 이 블록체인의 내용을 유연하게 변경할 수 있는 많은 옵션들을 지원하며, 이 옵션을 Genesis 블록에 정의함으로써 원하는 목적에 부합하는 이더리움 사설 네트워크를 구축할 수 있습니다. 해당 이더리움 네트워크에 접속하는 모든 클라이언트 노드들은 동일한 Genesis 블록을 소유하고 있어야 블록체인의 합의 과정에 참여할 수 있습니다. 다음은 우리가 만들 JSON 형식의 커스텀 Genesis 블록 파일로서 메모장과 같은 텍스트 에디터를 이용하여 작성합니다.

[예제 1] CustomGenesis.json 파일

```
1  {
2    "config": {
3      "chainId": 15,
```

```json
        "homesteadBlock": 0,

        "eip155Block": 0,

        "eip158Block": 0
    },
    "nonce": "0x0000000000000042",
    "timestamp": "0x00",
    "parentHash":
        "0x0000000000000000000000000000000000000000000000000000000000000000",
    "extraData": "0x00",
    "gasLimit": "0x800000",
    "difficulty": "0x400",
    "mixhash":
        "0x0000000000000000000000000000000000000000000000000000000000000000",
    "coinbase": "0x3333333333333333333333333333333333333333",
    "alloc": {
        "0x6ad0004dcf7390bc0a1dd6ff58a65cdea3938b67": {
            "balance": "10000000000000000000000"
        }
    }
}
```

각 옵션에 대한 설명은 아래와 같습니다.

① config

Geth 1.6 버전부터 기존 이더리움 버전에서 발생한 문제점들을 해결하기 위해 하드포크(hardfork)가 이루어졌습니다. 해당 옵션은 새로운 버전의 Geth를 이용하여 1.6 이전 버전의 이더리움 네트워크에 접속하였을 때 발생될 수 있는 문제점을 해결하기 위한 옵션으로 사설 네트워크의 경우 위의 값으로 설정하면 됩니다.

② nonce

mixhash 옵션과 함께 현 블록의 작업 증명을 위해서 충분한 양의 계산을 수행했음을 증명해 주는 옵션입니다. 블록체인의 작업 증명을 위해서는 mixhash 값과 nonce가 조합된 값의 해시(hash) 값이 일정한 수 이하인 nonce를 찾는데 가장 최근에 추가된 블록의 헤더의 해시가 nonce 값의 조합으로 일정 수를 찾아 작업 증명을 완료하게 됩니다.

③ timestamp

해당 블록이 취득된 시점을 나타내는 옵션으로, 유닉스의 time( ) 함수의 결과와 동일합니다. Genesis 블록은 최초의 블록이기 때문에 timestamp 값을 0으로 설정하였습니다. timestamp는 블록체인에서 두 가지 용도로 활용되는데, 첫 번째로 작업 증명의 난이도를 조절하는데 사용됩니다. 즉 두 블록 간의 timestamp 값의 기간이 짧다면 작업 증명을 위한 난이도가 올라가게 되고 다음 블록의 작업 증명을 위한 계산량이 증가하게 됩니다. 반대로 기간이 너무 길면 난이도가 내려가고 다음 블록의 작업 증명 계산량이 줄어들게 됩니다. 두 번째로 블록 간의 순서를 확인할 때 timestamp 값이 활용됩니다.

④ parentHash

nonce와 mixhash를 포함한 부모 블록의 헤더에 대한 해시 값을 갖는 옵션으로 해당 블록의 부모 블록을 가리켜 효과적인 블록의 체인을 구축합니다. 당연히 Genesis 블록은 최초의 블록이므로 그 값이 0입니다.

⑤ extraData

현재 뚜렷한 목적을 가지고 사용하는 옵션은 아니지만 앞으로 추가
될지도 모르는 옵션을 위한 32바이트의 임시 저장 공간으로 활용되
고 있습니다. 필요에 따라서 임의의 값을 넣어도 무방합니다.

⑥ gasLimit

하나의 블록이 담을 수 있는 gas의 임계치입니다. 몇 차례의 거래를
하나의 블록에 묶어서 담을 수 있는지를 결정하는데 필요한 옵션으
로 값이 클수록 많은 거래를 담을 수 있기 때문에 그만큼 거래가 더
빨라질 수 있습니다.

⑦ difficulty

블록 생성을 위한 계산 난이도를 조절하는 옵션입니다. 이 옵션을
조절하여 블록이 생성되는 시간을 일정 수준으로 유지할 수 있습니
다. 값이 클수록 유효한 블록을 발견하기 위해 채굴자가 통계적으
로 더 많은 계산을 수행해야만 합니다. 우리가 정의할 Genesis 블록
에서는 지연 없이 원활한 거래 수행하여 테스트를 진행하기 위해
낮은 값으로 설정하였습니다.

⑧ mixhash

nonce 옵션과 함께 현 블록의 작업 증명을 위해서 충분한 양의 계산
을 수행했음을 증명해 주는 옵션입니다.

⑨ coinbase

해당 블록에 대해서 채굴에 성공하면 얻게 되는 총 보상금(Ether)을
160비트의 주소 값으로 표현한 옵션입니다. 채굴 보상금과 스마트
컨트랙트 실행의 환불 값의 합을 나타내며 온라인 매뉴얼이나 에제

등에서는 "beneficiary" 또는 "etherbase"라는 용어와 혼용되고 있습니다. Genesis 블록에서는 coinbase 값을 원하는대로 설정할 수 있으며 지속적인 테스트를 위해서 큰 값을 설정해 주는 것이 좋습니다.

⑩ alloc

Genesis 블록을 생성함과 동시에 사전에 정의한 이더리움 계좌에 원하는 액수의 이더를 미리 송금해 놓을 수 있습니다. 우리는 이 옵션을 활용하여 앞서 개설한 계좌의 주소와 함께 초기 잔고(balance)를 정의하였습니다.

초깃값으로 1000000000000000000 wei를 설정하였는데, wei는 이더리움에서 가장 작은 화폐단위로서 1018 wei는 1 ether와 같습니다.


## 3.4.3 Genesis 블록 생성하기

앞서 작성했던 Genesis 블록 파일과 몇 가지 geth 옵션을 통해 사설 네트워크를 실행합니다. 블록 데이터가 저장될 폴더나 Genesis 블록 파일의 위치는 사용자가 자유롭게 정의할 수 있으며 본 절에서는 아래와 같은 경로로 각 폴더를 정의하였습니다.


① 사설 이더리움 네트워크의 기본 경로 : "c:\ethereum"
② 계좌 및 블록 데이터 저장 경로 : "c:\ethereum\data\myAccount"
③ Genesis 블록 파일(CustomGenesis.json)의 위치 : "c:\ethereum"


가장 먼저, 앞서 정의한 Genesis 블록 파일을 사용하여 사설 네트워크의 최초 블록으로 생성합니다.

```
> geth --datadir "c:\ethereum\data" init "c:\ethereum\CustomGenesis.json"
```

Genesis 블록이 정상적으로 생성되면 아래 그림과 같이 블록 데이터가 저장되는 경로와 'Successfully wrote genesis state'라는 메시지를 확인할 수 있습니다. 위와 같은 메시지가 출력되지 않는다면, 데이터 저장 경로와 Genesis 블록 파일의 위치, 이름 등이 올바른지 확인합니다.

[그림 13] Genesis 블록 생성 화면

이후에 다룰 4장에서는 Genesis 블록을 직접 만들어 생성하지 않고, geth의 --dev 옵션을 이용하여 이더리움 클라이언트가 자동으로 Genesis 블록을 만들어 사용하도록 할 것입니다. 따라서, --dev 옵션을 사용할 경우에는 Genesis 블록 파일의 정의(3.4.2절)와 생성(3.4.3절)은 필요하지 않습니다.

--dev 옵션은 개발자모드로 이더리움의 네트워크에 연결하는 옵션으로 기본 Genesis 블록을 자동으로 생성합니다. 이때 생성된 Genesis 블록은 블록 생성 계산 난이도가 상당히 낮아 채굴하는 시간이 짧아서 개발자가 DApp을 테스트하고 개발하기에 적합한 환경을 제공합니다.

"geth —help"를 입력하여 --dev에 대한 설명을 확인할 수 있으며, 아래의 사이트에서도 확인할 수 있습니다.

https://github.com/ethereum/ go-ethereum/wiki/Command-Line-Options

## 3.4.4 사설 이더리움 네트워크 실행하기

이제 모든 사전 작업이 끝났으므로 본격적으로 이더리움 사설 네트워크를 실행할 차례입니다. 이더리움 클라이언트는 Geth를 통해 두 가지 모드로 실행될 수 있는데, 단순히 이더리움 클라이언트만을 실행하는 모드와 이더리움 클라이언트를 실행함과 동시에 대화형 자바스크립트 콘솔 환경으로 접근하는 모드가 있습니다. 첫 번째 모드는 이더리움 클라이언트를 실행하고 더 이상의 기능이나 설정을 변경할 필요가 없을 때 사용하고, 두 번째 모드는 ① 다양한 API를 이용하여 실시간으로 새로운 계좌를 생성하거나 ② Ether를 전송하고, ③ 채굴과 같은 기능 등을 활성화 또는 비활성화할 때 사용합니다. 두 번째 모드는 Geth에 'console' 옵션을 함께 넣어 주면 됩니다.

지금까지 알아본 모든 옵션들을 조합하여 사설 네트워크를 구축함과 동시에 대화형 자바스크립트 콘솔 환경으로 접근해 보겠습니다.

```
> geth --identity "PrivateNetwork" --datadir "c:\ethereum\data"
    --port "30303" --rpc --rpcaddr 0.0.0.0 --rpcport "8123"
```

```
--rpccorsdomain "*" --nodiscover --networkid 1900 --nat
"any" --rpcapi "db,eth,net,web3,miner" console
```

지금까지의 과정을 올바르게 수행하였다면 다음과 같이 이더리움 클라이언트가 실행이 되고 대화형 자바스크립트 콘솔 환경에 접속할 수 있습니다.

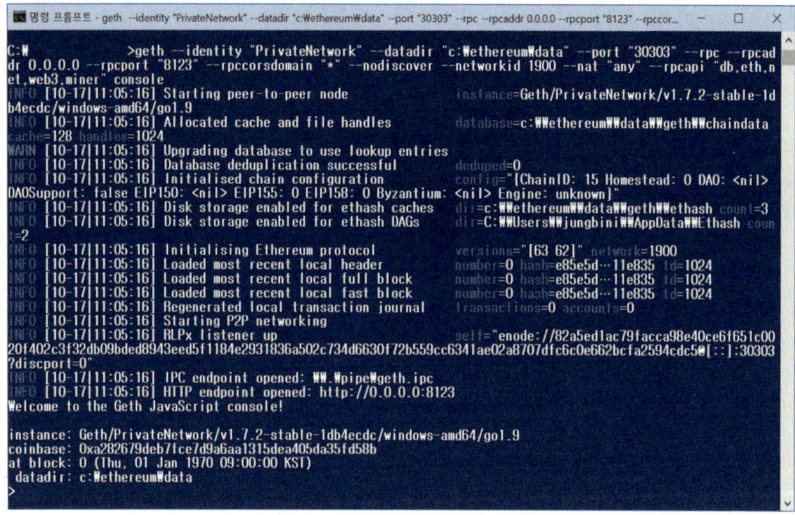

[그림 14] 대화형 자바스크립트에 콘솔 환경 접속한 화면

이제 이 콘솔 환경에서 다음과 같이 이더리움의 몇 가지 기능들을 실행해 봅시다.

① 계좌 잔고(balance) 조회

자바스크립트 콘솔 환경에서, 다음과 같은 명령어를 통해서 현재 클라이언트 노드에서 개설된 계좌의 목록을 확인합니다.

```
> eth.accounts
```

현재는 개설된 계좌가 하나밖에 없으므로 다음과 같이 한 개의 계좌에 대한 주소를 확인할 수 있습니다.

```
> eth.accounts
["0x6ad0004dcf7390bc0a1dd6ff58a65cdea3938b67"]
>
```

[그림 15] 계좌의 주소 조회

우리는 이 계좌의 주소를 이용하여 해당 계좌의 잔고를 확인할 수 있습니다. 잔고를 확인하기 위해서 다음과 같은 명령어를 입력합니다.

```
> eth.getBalance(eth.accounts[0])
> eth.getBalance(eth.coinbase)
```

첫 번째 명령은 accounts 배열로 확인하는 방법이고, 두 번째 명령은 coinbase 변수로 확인하는 방법입니다. 이때 단순히 getBalance( ) 함수를 이용하여 잔고를 확인하면 기본적으로 이더리움의 가장 작은 단위인 wei로 출력하기 때문에 아래와 같은 결과를 확인할 수 있습니다.

```
> eth.getBalance(eth.coinbase)
100000000000000000000
>
```

[그림 16] 계좌의 잔고가 wei 단위로 출력된 화면

만약 다른 단위로 출력하고 싶다면 다음과 같이 'fromWei()' 함수를
이용하여 원하는 단위로 바꾸어 출력할 수 있습니다. 다음은 단위를
ether로 바꾸어 출력하는 명령입니다.

```
> web3.fromWei(eth.getBalance(eth.coinbase), "ether");
```

위와 같이 입력하면 wei 단위를 ether 단위로 변환하여 출력하게 됩
니다.

```
> web3.fromWei(eth.getBalance(eth.coinbase), "ether")
10
>
```

[그림 17] 계좌의 잔고가 ether 단위로 출력된 화면

② 채굴(mining) 기능 활성화

사설 네트워크에서는 기본적으로 채굴 기능이 비활성화되어 있습
니다. 따라서 스마트 컨트랙트의 거래를 위해 채굴 기능을 활성화해
야 합니다. 채굴을 활성화하는 방법으로는 ① Geth 실행 시 '--mine'
옵션을 함께 넣는 방법, ② 자바스크립트 콘솔 환경에서 실시간으로
채굴 기능을 활성화하는 방법, 이렇게 두 가지가 존재합니다.

우리는 두 번째 방법을 통해 채굴 기능을 활성화하겠습니다. 자바
스크립트 콘솔 환경에서 아래와 같이 miner.start( )를 실행합니다.
miner는 '--rpcapi' 옵션에 추가한 모듈 중의 하나입니다.

```
> miner.start()
```

정상적으로 수행이 되면 아래 그림과 같이 채굴이 시작됩니다. 사설
이더리움 네트워크에서의 난이도는 상당히 낮게 설정되어 있기 때문
에 빠른 속도로 채굴이 이루어집니다.

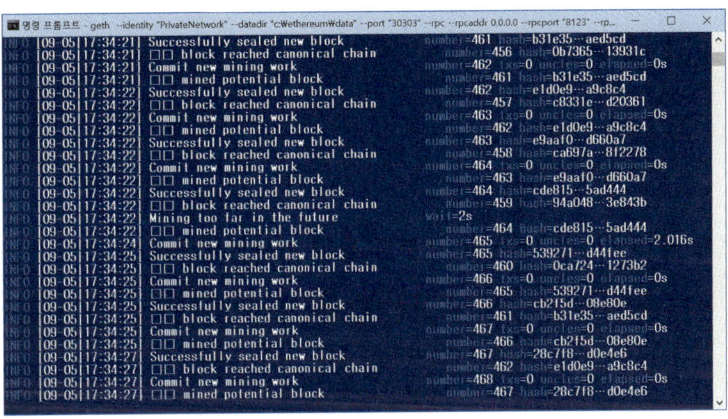

[그림 18] 사설 이더리움 네트워크에서 채굴을 진행하는 화면

채굴을 멈추기 위해서는 채굴 중이더라도 언제나 아래와 같은 명령
어를 입력하여 중단할 수 있습니다.

```
> miner.stop()
```

## 3.4.5 외부에서 자바스크립트 콘솔 환경 접속하기

Geth에서 명령 프롬프트를 통해 이더리움 클라이언트의 실행과 동시에 자바스크립트 콘솔에 접속할 수도 있지만 다음과 같이 다른 IP를 가진 원격지 또는 로컬 컴퓨터의 또 다른 명령 프롬프트에서 해당 이더리움 클라이언트의 자바스크립트 콘솔에 접근할 수 있습니다. 이를 위하여 Geth 실행 시, 반드시 '--rpc' 관련 옵션을 설정해야 합니다.

```
> geth attach http://(이더리움 클라이언트의 노드 IP):(RPC 포트)
```

만약 이더리움 클라이언트 노드 IP가 123.123.123.123이고 RPC 포트를 8123으로 설정하였다면, 다른 명령 프롬프트에서 아래와 같은 방법으로 자바스크립트 콘솔에 접속할 수 있습니다.

```
> geth attach http://localhost:8123            // 로컬 컴퓨터에서 접속 방법 1
> geth attach http://127.0.0.1:8123            // 로컬 컴퓨터에서 접속 방법 2
> geth attach http://123.123.123.123:8123      // 원격지에서 접속하는 방법
```

첫 번째와 두 번째 방법은 현재 이더리움 클라이언트가 실행되고 있는 컴퓨터, 즉 현재 이더리움 사설 네트워크가 구축된 로컬 컴퓨터에서 접속하는 방법입니다. 같은 IP 주소를 가진 컴퓨터에서 접속하기 때문에 IP 주소를 명시적으로 넣을 필요는 없습니다.

세 번째 방법은 다른 IP 주소를 가진 컴퓨터에서 현재 이더리움 클라이언트의 자바스크립트 콘솔에 접속하는 방법입니다.

## ※ 원격지에서 사설 네트워크에 접속할 경우

원격지에서 접속할 경우, 미리 외부 접근에 대한 설정을 변경해야 합니다.
외부 네트워크에 대한 포트 접근 허용을 하지 않으면 다른 원격지에서 현
재 이더리움 클라이언트 노드의 자바스크립트 콘솔 환경에 접근할 수 없
습니다.
Windows는 '고급 보안이 포함된 Windows 방화벽' 설정에서 인바운드
규칙을 추가합니다.

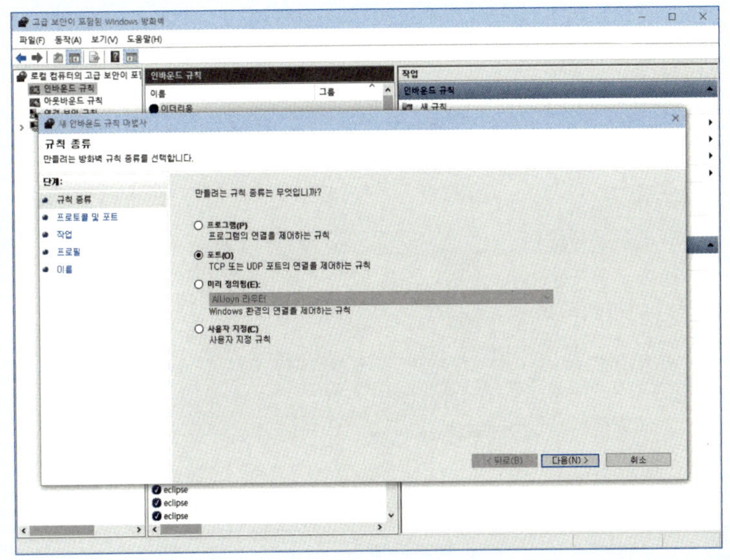

규칙의 종류는 포트를 선택하고 다음으로 진행합니다.

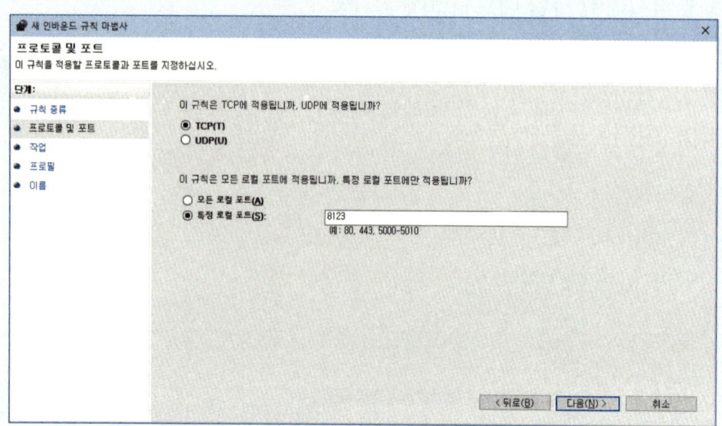

프로토콜 및 포트 화면에서 RPC 포트인 '8123'을 입력하고 다음으로 진행
합니다.

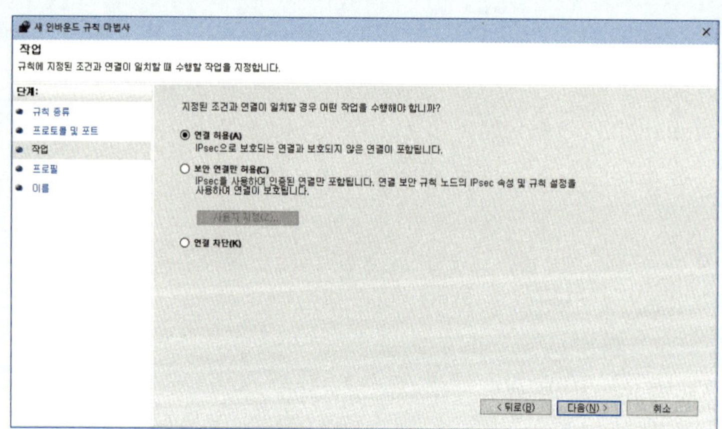

마지막으로 '연결 허용'을 선택합니다.

우리는 이더리움 클라이언트 노드가 실행되고 있는 로컬에서 접속하여
테스트를 할 것이기 때문에 'localhost'나 '127.0.0.1'을 사용하여 콘솔 환
경에 접속하거나 앞서 설명한 'console' 옵션을 통해 클라이언트 실행과
동시에 바로 콘솔 환경에 접속할 것입니다.

# Mist 브라우저

이더리움에서 이더를 사용하거나 스마트 컨트랙트를 실행하기 위해서는 반드시 지갑(wallet)이 있어야 합니다. 물론 콘솔 환경에서도 이더를 주고받거나 스마트 컨트랙트를 배포 및 실행할 수 있으나 일반 사용자의 입장에서는 그래픽 유저 인터페이스 기반의 지갑 프로그램이 더 사용하기 편리할 것입니다.

이러한 그래픽 유저 인터페이스 기반 이더리움 지갑 프로그램이 Mist 브라우저입니다.

[그림 19] Mist 브라우저의 아이콘

## 3.5.1 Mist 브라우저 설치하기

Mist 브라우저는 다음의 웹사이트에서 다운로드 받을 수 있습니다. 플랫폼에 맞는 버전을 찾아 설치합니다.

https://github.com/ethereum/mist/releases

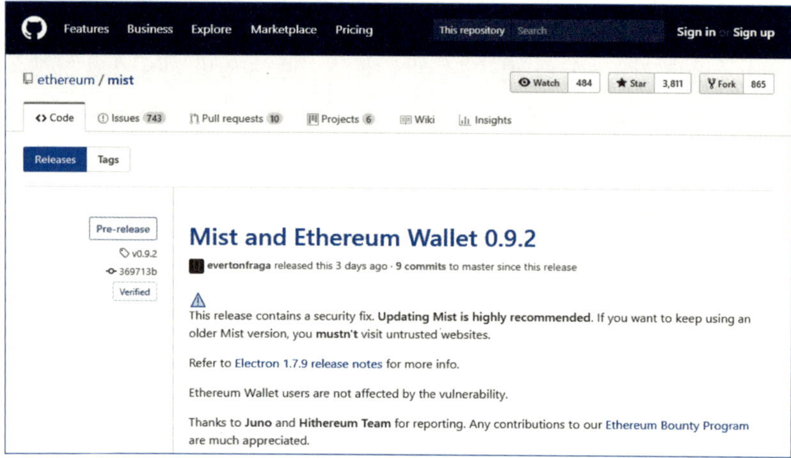


[그림 20] Mist 브라우저 다운로드 페이지

사이트에서 두 종류의 프로그램을 다운로드 받을 수 있는데 'Ethereum-Wallet'으로 시작하는 프로그램은 이더리움 지갑의 기능을 기본 모드로 수행하는 프로그램이며, 'Mist'로 시작하는 프로그램은 다른 DApp을 사용할 수 있게 해주는 기능을 기본 모드로 수행하는 프로그램으로 기본 모드가 다를 뿐 기반은 같습니다.

비록 본 장에서는 이더리움 지갑만을 사용하지만 앞으로 직접 개발한 DApp을 배포하기도 하고 사용하기도 하기 때문에 Mist 브라우저를 설치하도록 합니다. Windows용은 'Mist-installer-'로 시작하며, 2017년 10월 현재 최신 버전은 0.9.2이므로 'Mist-installer-0-9-2.exe' 파일을 다운로드 받아 설치합니다.

## 3.5.2 Mist 브라우저 실행하기

Mist 브라우저가 사설 네트워크에 바로 접속하기 위해서는 Geth를 이용하여 미리 이더리움 사설 네트워크를 구축해 놓아야 합니다. 그렇지 않은 경우, Mist 브라우저는 공용 이더리움 네트워크에 접속하게 됩니다. 우리는 이미 앞 절의 과정을 통해 사설 네트워크를 구축하고 실행한 상태이므로 바로 Mist 브라우저를 실행합니다.

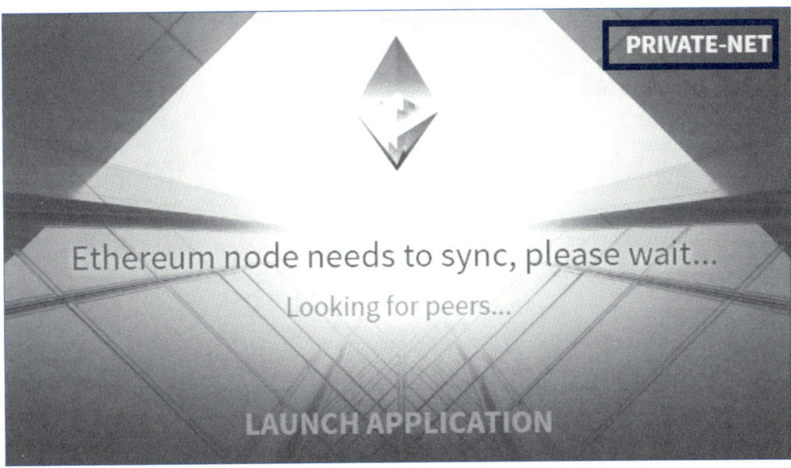


[그림 21] 사설 네트워크를 통한 Mist 브라우저 실행

만약 성공적으로 사설 네트워크에 접속되었다면 오른편 위에 'PRIVATE-NET'이라는 메시지가 출력될 것입니다. 이는 공용 네트워크에 접속했을 때는 볼 수 없는 메시지입니다.

Mist 브라우저 메인 화면을 띄우기 위해서 아래 쪽의 'LAUNCH APPLICATION'을 클릭합니다. Mist 브라우저는 다국어를 지원하기 때문에 한글화된 Mist 브라우저를 사용할 수 있습니다.

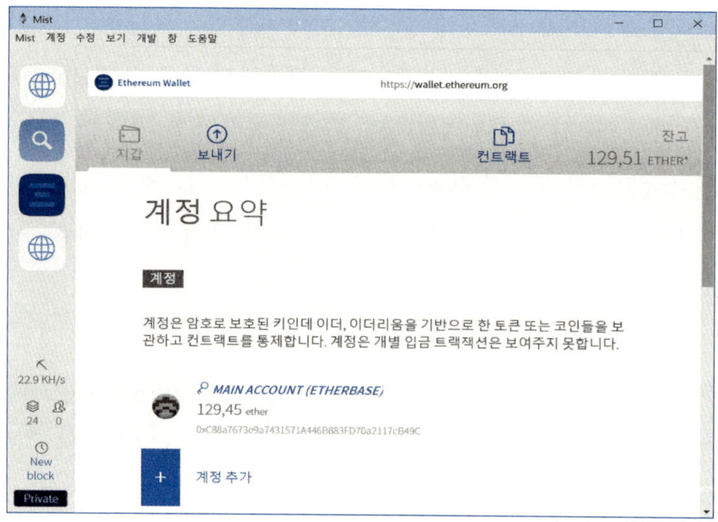

[그림 22] Mist 실행 화면

MAIN ACCOUNT 에서 현재 이더리움 클라이언트 노드의 상태를 살펴볼 수 있는데 만약 채굴 기능을 활성화하지 않았다면 3.3.2의 Genesis 블록 파일에서 설정했던 것처럼 10 ether의 잔고를 확인할 수 있습니다. 하지만 우리는 채굴 기능을 활성화하였기 때문에 이보다 더 많은 이더가 잔고에 존재할 것입니다.

### 3.5.3 새로운 계좌 개설

이더리움 클라이언트 노드에 새로운 계좌를 하나 더 개설하여 Main Account 계좌에서 3 ether를 이체하는 실습을 해보겠습니다.

먼저 계정 추가를 선택합니다.

계정 추가를 선택하면 현재 이더리움 노드에서 개설된 계좌를 모두 확인할 수 있는데 만약 다수의 계좌를 개설한 상태라면 개설된 계좌가 모두 표시되며 해당 계좌를 선택하고, AUTHORIZE를 클릭하면 해당 계좌로 접근할 수 있습니다. 우리는 아직 하나의 계좌만 가지고 있으므로 Main account (Etherbase)라는 계좌만 표시될 것입니다.

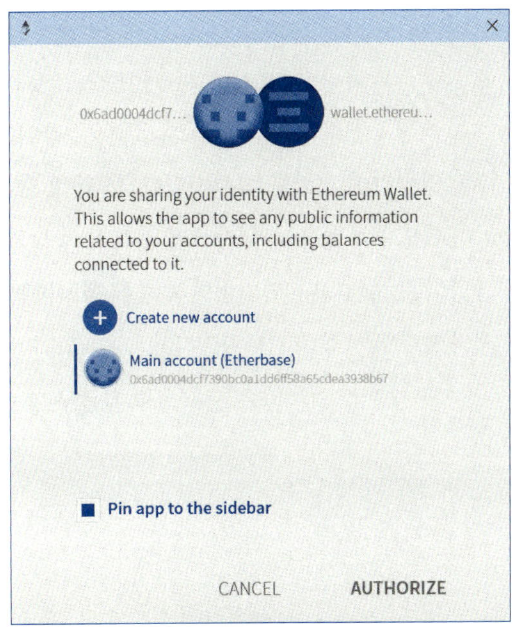


[그림 23] 계좌 확인

새로운 계좌를 만들기 위해 Create new account를 선택하면 다음과 같이 새
로운 계좌를 만들기 위한 비밀번호 입력 창이 출력됩니다.

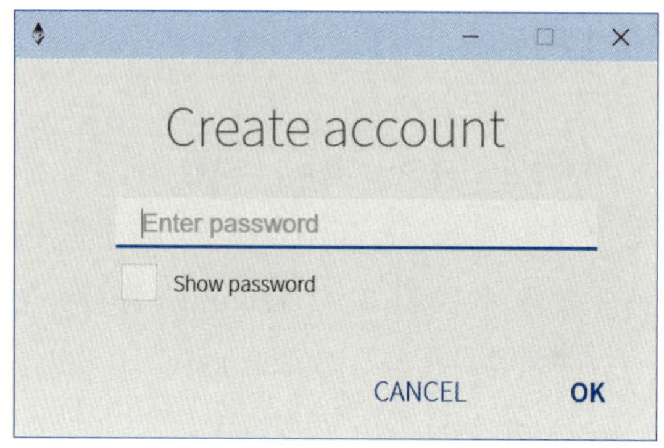


[그림 24] 계좌 생성

비밀번호를 두 번 입력하여 계좌를 생성합니다. 두 번째 계정이므로 편의
상 '2ndAccount'라고 입력하겠습니다. 새로운 계좌가 생성되면 Account 2
라는 새로운 계좌명이 표시됩니다. 만약 n번 계좌를 생성하면 Account n과
같은 형식으로 계좌명이 표시될 것입니다.

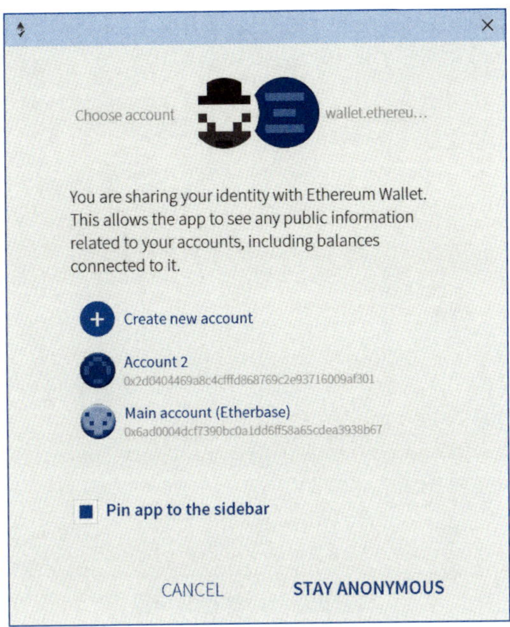


[그림 25] 새 계좌가 생성된 화면

원하는 만큼의 계좌를 개설한 후, STAY ANONYMOUS를 선택하여 창을 닫습니다.

## 3.5.4 이더 송금하기

이제 우리는 Main account 계좌에 있는 이더를 Account 2에 송금할 것입니다. 이 예제를 실행할 때쯤이면 채굴을 통해 이미 충분한 양의 이더가 있을 것입니다.

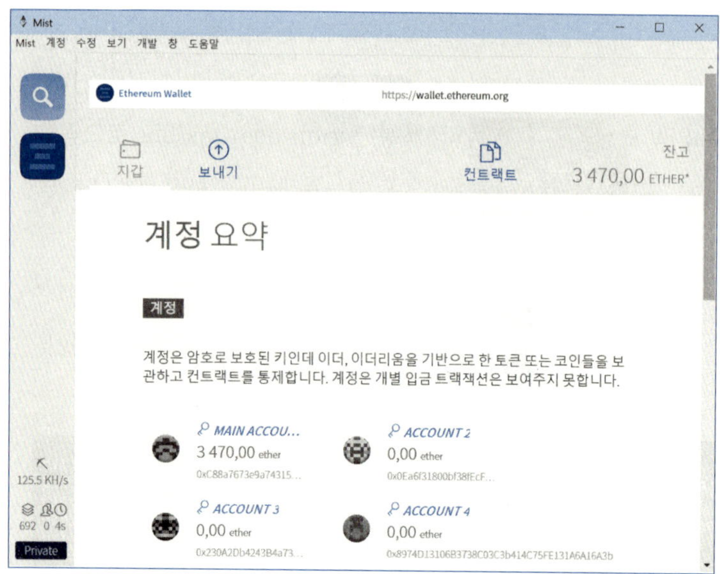



[그림 26] 계좌의 잔고 확인

만약 [그림 26]과 같은 화면이 보이지 않는다면 왼편 위의 녹색 아이콘(≡ 모양)을 클릭하여 지갑을 선택합니다. 여기서 각 계좌를 선택하면 해당 계좌에 대한 자세한 정보가 나오고 계좌의 주소나 QR 코드, 그리고 입금 등 다양한 기능을 이용할 수 있습니다.

일단 Account 2를 클릭하여 해당 계좌의 주소를 복사할 것입니다. 아래와 같은 화면에서 오른편 메뉴 중의 주소 복사를 선택합니다.

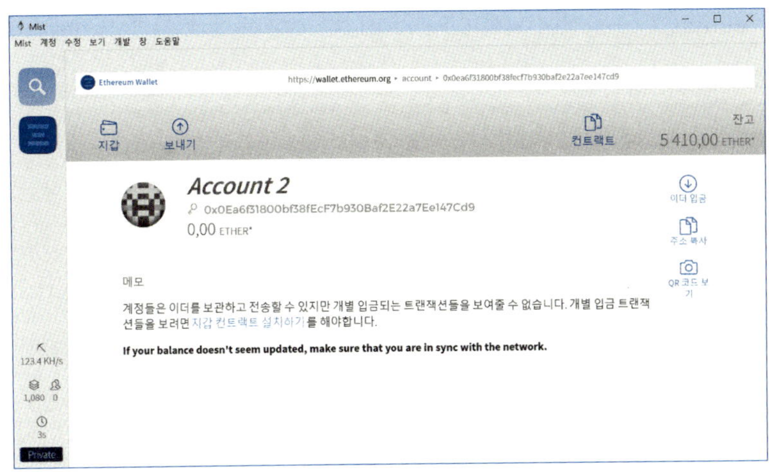


[그림 27] Account 2의 정보 출력 화면

주소 복사를 클릭하면 해당 계정으로 이더를 송금하지 말라는 경고창이 출력됩니다. 당연히 우리는 사설 네트워크를 사용하고 있기 때문에 클라이언트 노드의 어떤 계좌에도 실제 이더를 송금해서는 안 됩니다.

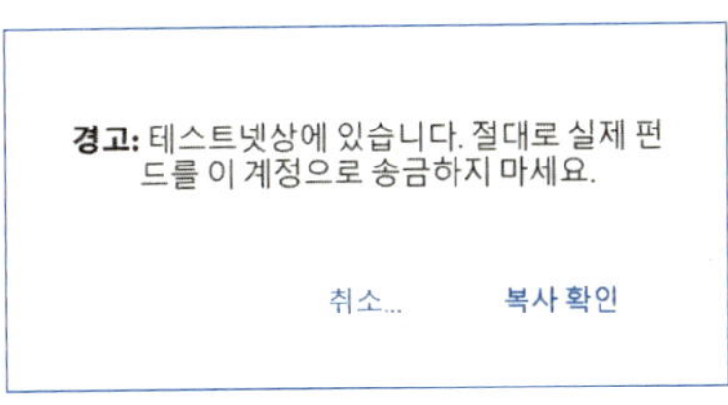


[그림 28] 이더 송금 경고 화면

복사 확인을 클릭하면 클립보드상에 Account 2의 주소가 복사됩니다. 이제 상단에 보내기(↑) 아이콘을 클릭하여 송금 페이지로 이동합니다. 현재 이더를 보유하고 있는 계좌는 Main account밖에 없으므로 송신처는 Main account로 자동 선택이 되어 있을 것입니다. 수신처에 우리가 복사해 놓았던 Account 2의 주소를 붙여넣기를 합니다.

금액은 자신이 원하는 이더를 기입하고 적절한 수수료를 선택합니다. 수수료가 많을수록 송금이 빨라지고 낮을수록 송금이 느려집니다. 채굴이 상당히 빠른 사설 네트워크에서는 수수료는 크게 의미가 없으며 거의 이더를 보냄과 동시에 송금이 이루어집니다. 아래는 100 ether를 송금했을 경우, 선택된 수수료와 총 이더(=송금할 이더 + 수수료)를 나타내고 있는 그림입니다. 수수료 옆에는 대략적인 송금 완료 시간(30초)이 계산되어 출력됩니다.

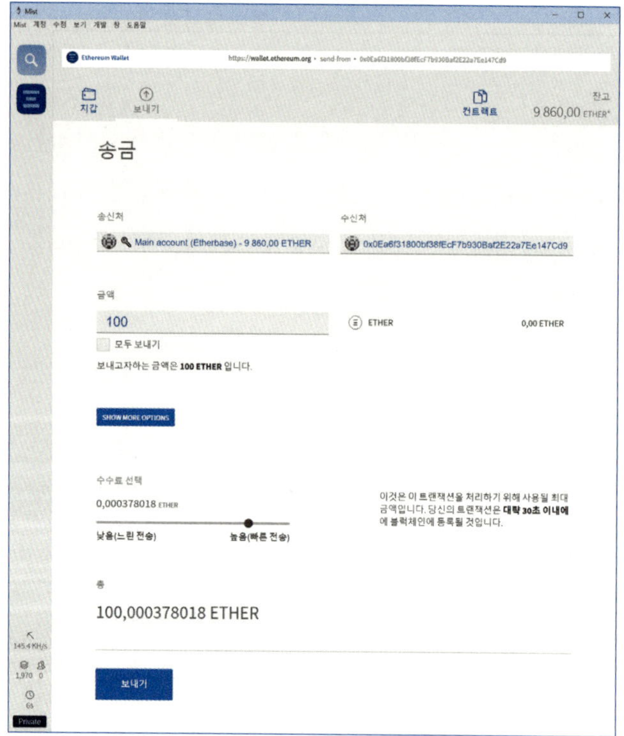

[그림 29] 송금 대기 화면

모든 항목을 확인한 후 보내기 버튼을 클릭하면 다음과 같이 예상 gas 소
모량과 최대 gas 소모량을 설정할 수 있습니다.

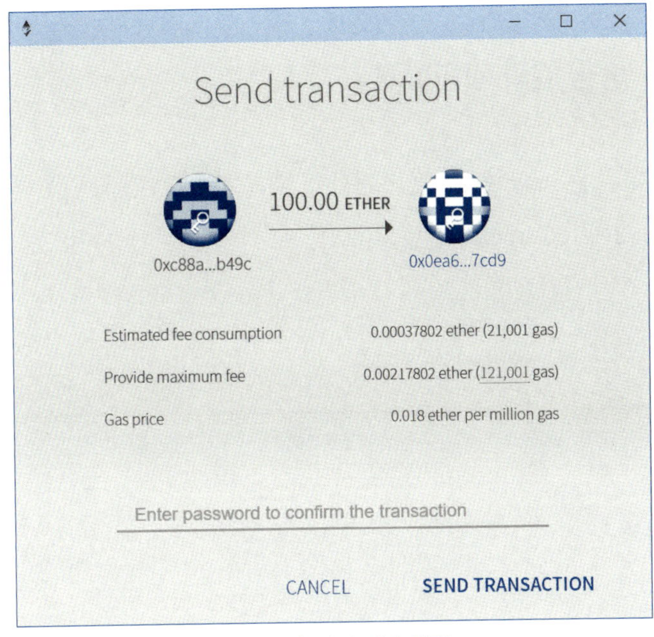


[그림 30] 거래 전달 화면

만약 송금 거래에 소모되는 gas가 최대 가스 소모량(maximum fee)보다 크다
면 송금이 이루어지지 않겠지만 사설 네트워크에서는 이더가 풍부하므로
최대 가스 소모량을 충분히 높게 설정하면 됩니다. 우리는 기본값 그대로
를 두고 송금을 시도할 것입니다.

'Enter password to confirm the transaction'에 Main account의 비밀번
호를 기입하고 SEND TRANSACTION 버튼을 누르면 송금 거래가 시작됩
니다. 만약 클라이언트가 채굴을 하지 않고 있다면, 송금이 이루어지지 않

으므로 앞서 우리가 배운 방법을 통해 채굴을 시작하기 바랍니다. 즉 Geth 콘솔 창에서 miner.start( )를 실행합니다.

## 3.5.5 송금 결과 확인하기

송금 버튼을 누른 후 몇 초가 지나면 아래와 같이 계정 요약 페이지의 Account 2에 100 ether가 전송되어 있음을 확인할 수 있습니다. 송금 거래가 완료되는 시간은 앞서 우리가 입력했던 송금 수수료에 따라서 달라질 수 있습니다.

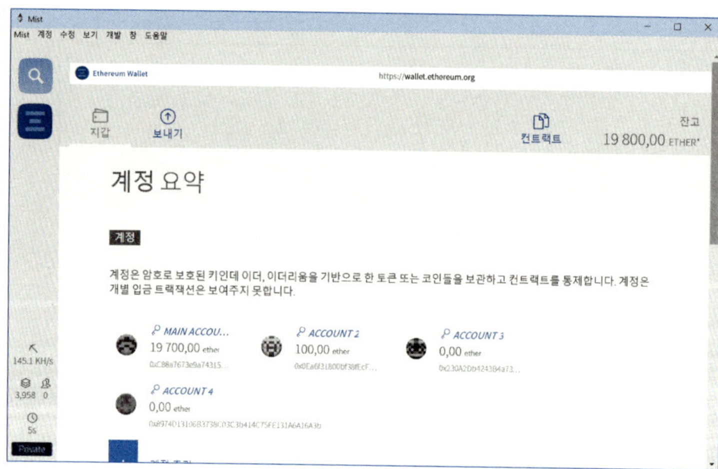

[그림 31] 성공적으로 송금이 된 화면

또한, 계정 요약 페이지 가장 하단에 최종 트랜잭션 섹션을 확인해 보면 아래와 같이 송금이 이루어진 계약에 대한 결과를 확인할 수 있습니다.

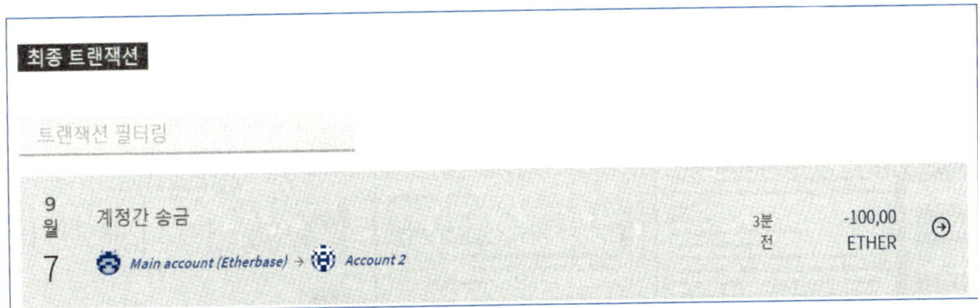



[그림 32] 최종 트랜잭션 확인

3분 전에 Main account에서 Account 2로 100 ether를 송금하였음을 간략하게 확인할 수 있으며, 해당 항목을 클릭하면 다음과 같이 자세한 항목역시 확인 가능합니다.

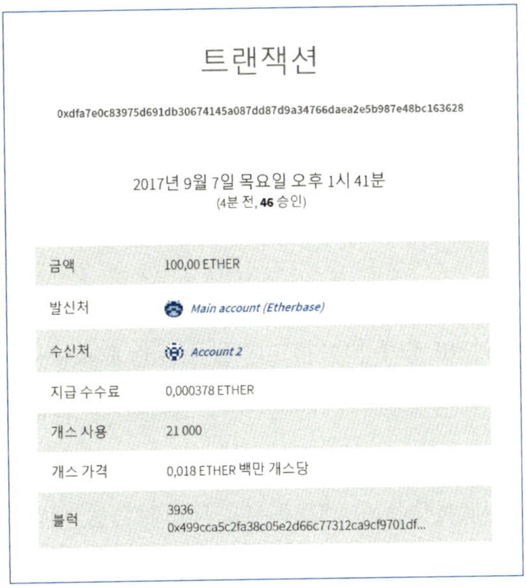

[그림 33] 트랜잭션 자세히 보기

가장 먼저 해당 거래에 대한 ID(txid)를 확인할 수 있으며, 자세한 날짜와 시간 정보를 알 수 있습니다. 지급 수수료는 0.000378 ether를 지급하였고 이는 gas가 1,000,000 gas당 0.018 ether이므로 0.021 gas × 0.018의 결과임을 알 수 있습니다. 그리고 이 거래는 블록체인의 3936번 블록에 기록되어 있음을 알려 주고 있습니다.

# 3.6 이더리움 클라이언트를 마치며

이번 장에서는 우린 이더리움 클라이언트의 설치 및 사설 네트워크 환경 구축 및 실행 방법에 대해 알아보았습니다. 이제 우리가 구축한 사설 네트워크를 기반으로 Mist 브라우저, 그리고 Remix라는 도구를 활용하여 스마트 컨트랙트를 구현할 수 있는 솔리디티(Solidity) 언어에 대해서 알아보도록 하겠습니다. 더불어 다양한 예제를 통해 작성된 스마트 컨트랙트를 배포하고 실행하는 방법에 대해서 알아볼 것입니다.

# [연습문제]

1. 블록체인 기반의 이더리움은 소프트웨어 업데이트와 비슷한 개념인 포크(Fork)를 통해서 기존 버전이 가지고 있는 보안 문제점 및 결함 등을 해결한 새로운 버전으로 업데이트를 합니다. 이더리움의 포크는 크게 소프트 포크와 하드 포크로 나뉘는데 이 둘의 차이점에 대해서 알아봅시다.

2. Geth는 현재도 활발하게 개발 중인 이더리움 클라이언트입니다. 3.2절에서 소개된 Geth 깃 허브에 방문하여 최근 릴리즈 된 Geth의 버전을 확인하고, 어떠한 문제점들이 해결되었는지 확인해 봅시다.

3. Geth를 설치할 때 함께 설치할 수 있는 이더리움 관련 도구들을 알아보고, 각 도구들이 어떤 기능을 수행하는지 살펴봅시다.

4. 은행에서 자신의 명의로 여러 개의 통장을 개설할 수 있듯이 이더리움 클라이언트에서도 여러 개의 계좌를 생성할 수 있습니다. 3.4절에서 생성한 계좌 이외에 다른 계좌를 더 만들어 보고, 그 주소를 확인해 봅시다. 또한, Genesis 블록의 alloc 속성 안에 추가로 만든 계좌를 넣고, balance에 적당한 wei 값을 설정해 봅시다.

5. 앞서 3.4.5절에서 소개한 원격지 접속 방법을 참고하여, 같은 네트워크에 속해 있는 다른 컴퓨터나 외부의 다른 네트워크에 속한 컴퓨터에서 사설 네트워크에 접속해 봅시다.

# 솔리디티 프로그래밍

솔리디티(Solidity)는 이더리움의 가장 큰 매력인 스마트 컨트랙트(Smart Contract)을 개발하는 일종의 프로그래밍 언어입니다. 이번 장에서는 가벼운 예제를 통해 솔리디티 언어를 구성하는 자료형 및 명령어에 대해 익혀 보겠습니다.

# 4.1 스마트 컨트랙트에 관하여

솔리디티 언어에 대해 다루기 전에 스마트 계약이란 무엇인지 정확히 다루고 넘어갑시다.

스마트 컨트랙트란 개념은 1995년, Nick Szabo에 의해 제안되었습니다. Szabo는 자신이 기고한 기사 〈Smart Contracts〉를 통해 디지털 명령으로 구성된 계약서를 제안하였으며, 디지털 명령으로 구성된 계약서는 상황에 따라 자동으로 계약 내용을 수행한다고 설명하였습니다.[1]

스마트 컨트랙트? 저는 이 장에서 설명하려는 개념과 용어가 어울리지 않다고 생각합니다. 혹자는 디지털 계약서와 혼동할 수도 있는데, 마치 계약 내용을 디지털화하여 공표함으로써 이를 준수하도록 하는 일종의 제도적 장치로 해석될 요지가 있는 것 같습니다. 말을 좀 바꿔서 계약 내용을 조건에 따라 자동으로 이행해 주는 응용 프로그램 정도로 이해하면 좋을 것 같습니다. 이해를 돕기 위해 예를 하나 들겠습니다.

---

1) "Smart Contracts Described by Nick Szabo 20 Years Ago Now Becoming Reality", https://bitcoinmagazine.com

# 대학생 은정 씨와 구두

"대학생인 은정 씨는 이번 주말에 있을 남자친구와의 데이트를 앞두고 새 구두를 사려고 합니다. 아르바이트를 하며 알뜰하게 모은 돈으로 인터넷의 유명 중고 물품 거래 카페인 '중고 랜드'를 통해 구두를 저렴하게 구매하려고 하는데, 며칠간 열심히 게시판을 탐색한 끝에 가격과 디자인이 모두 마음에 쏙 드는 구두를 발견하였습니다. 가까워져 오는 주말 탓에 서둘러 입금을 하고, 설레는 마음으로 구두를 기다렸습니다.

다음날 택배가 왔는데 헉! 이게 웬일일까요? 택배 상자 안에는 구두 대신 빨간 벽돌이 들어있는 게 아니겠습니까? 뒤늦게 신고를 했지만, 과연 환불받을 수 있을지는 모르겠습니다."

은정 씨의 이야기는 일상에서 쉽게 겪을 수 있는 사례입니다. 어떻게 하면 은정 씨와 같은 피해를 방지할 수 있을까요?

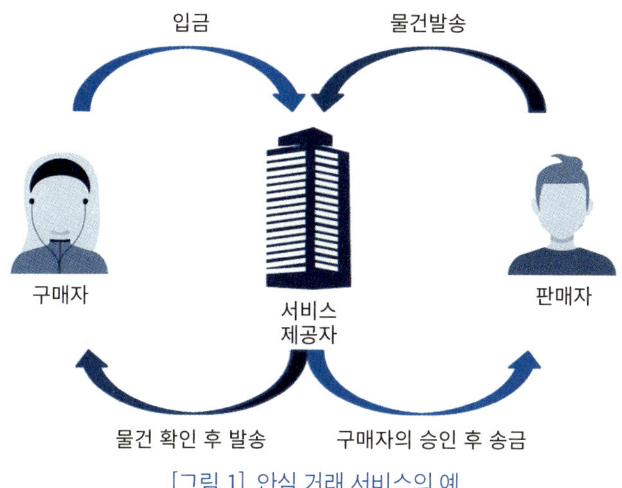



[그림 1] 안심 거래 서비스의 예

은정 씨와 같은 사례를 방지하기 위해 중고 거래를 비롯한 인터넷 물품 거래 서비스들은 대부분 안심 거래라는 시스템을 운영하고 있습니다. 안심 거래는 구매자와 판매자 사이에 서비스 제공자가 위치하여 돈과 물건을 확인한 후, 거래를 진행하는 서비스입니다.

만약 서비스 제공자가 없다면 어떻게 할까요? 미리 작성된 프로그램을 통해 서비스 제공자의 역할을 자동으로 수행하게 할 수는 없을까요? 이와 같은 역할을 수행할 수 있는 메커니즘이 바로 스마트 컨트랙트입니다.

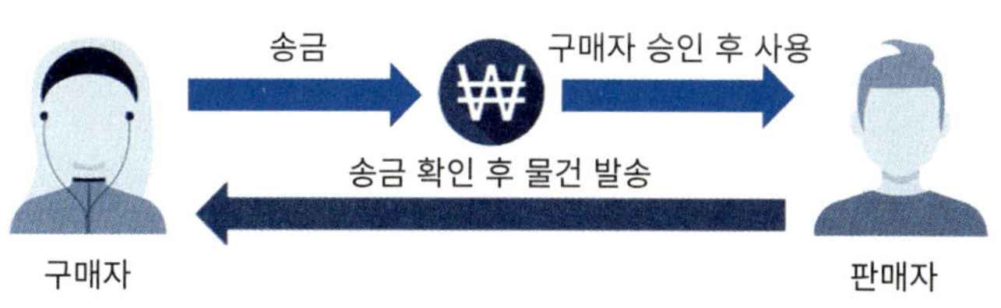



[그림 2] 스마트 컨트랙트의 예

[그림 2]는 스마트 컨트랙트를 사용한 예입니다. 단계별로 설명하면 다음과 같습니다.

① 먼저 구매자가 작성된 스마트 컨트랙트를 통해 돈을 송금합니다. 이때 구매자가 송금한 돈은 판매자에게 전달되지만 아직 사용할 수 없습니다. 간단히 말해 '봉인'되었다고 생각하면 됩니다.
② 다음으로 구매자의 송금 여부를 확인한 판매자는 구매자에게 물건을 발송합니다.
③ 마지막으로 구매자가 물건을 수령한 뒤, 승인을 선택하면 비로소 봉인이 해제됩니다. 만약 구매자가 승인하지 않는다면 환급됩니다.

은정 씨의 사례는 스마트 컨트랙트를 활용한 사례 중 하나입니다. 스마트 컨트랙트의 활용 범위는 매우 다양합니다. 예를 들어 부동산 계약이나 경매, 또는 복권 등 거래가 있는 곳은 모두 활용될 수 있겠지요. 심지어 대학교의 과제물 제출 시스템에도 활용할 수 있습니다. 서두를 필요 없습니다. 앞으로 예제를 통해 모두 다뤄볼 테니까요.

이 장에서는 스마트 컨트랙트의 정의와 가벼운 사례를 다루었습니다. 다음 절에서는 솔리디티 언어의 문법을 다루기 전에 스마트 컨트랙트를 작성하고 배포하는 법에 대해 익히겠습니다.

# 4.2 천 리 길도 한 걸음부터!

일반적으로 프로그램 언어를 배울 때, "Hello, World!"라는 문구를 출력하는 예제를 익힙니다. 솔리디티 언어에서 "Hello, World!"에 해당하는 예제는 "SimpleStorage"라는 예제입니다. 이 예제는 데이터값을 입력하고, 이를 확인하는 것 이외에 아무 기능이 없습니다. 전혀 어렵지 않습니다. 그럼 첫걸음을 시작해 볼까요?

## 4.2.1 새 컨트랙트 만들기

이더리움에서 솔리디티 언어를 이용하여 가장 손쉽게 스마트 컨트랙트를 만드는 방법은 Mist를 이용하는 것입니다. Mist를 실행하면 다음과 같은 화면을 볼 수 있을 것입니다.

[그림 3] Mist 실행 화면

[그림 3]은 Mist의 메인 화면입니다. 화면의 오른편 위를 보면 '컨트랙트'라는 항목이 보입니다. 해당 항목을 선택하면 다음과 같은 화면이 출력됩니다.

[그림 4] 컨트랙트

[그림 4]는 컨트랙트 화면입니다. 스마트 컨트랙트를 작성하기 위해 '신규 컨트랙트 설치'를 선택합니다.

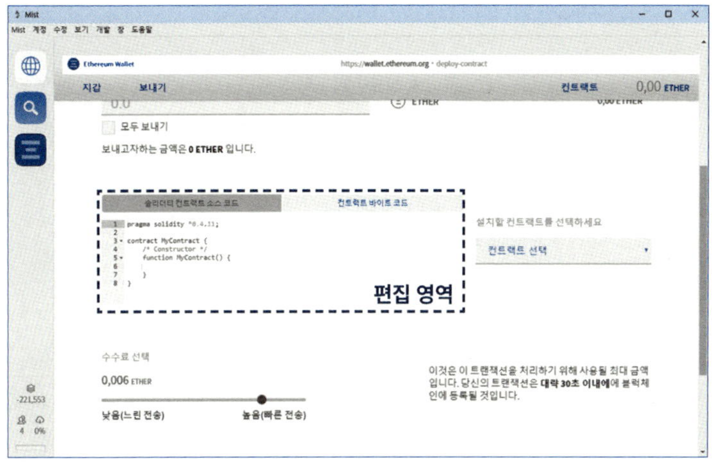

[그림 5] 스마트 컨트랙트 편집 영역

신규 컨트랙트 설치 화면에서 중간 즈음에 편집 영역이 있습니다. 이제 이곳에 컨트랙트를 작성할 것입니다.


## 4.2.2 편집 영역에 컨트랙트 작성하고 배포하기

준비가 끝났습니다. 이제 컨트랙트를 작성하겠습니다. 하지만 그 전에 편집 영역을 살펴보면 [예제 1]과 같은 코드가 이미 작성되어 있습니다.

[예제 1]

```
1   pragma solidity ^0.4.11;
2
3   contract MyContract {
4       /* Constructor */
5       function MyContract() {
6
7       }
8   }
```

우리가 작성할 예제는 SimpleStorage라는 예제이므로 작성되어 있는 코
드를 [예제 2]와 같이 수정합니다.

[예제 2]

```
1   pragma solidity ^0.4.11;
2
3   contract SimpleStorage {
4       uint storedData;
5
6       function set(uint x) {
7           storedData = x;
8       }
9
10      function get() constant returns (uint) {
```

```
11        return storedData;
12    }
13 }
```

음영 처리한 부분이 수정된 부분입니다. 변경된 부분의 의미는 이후에 설명할 것이므로 이 장에서는 굳이 모르셔도 됩니다.

다음으로 작성된 컨트랙트를 배포하고 실행해야 합니다. 실행을 위해 Geth를 실행해야 합니다. 명령 프롬프트를 열고 다음과 같이 입력합니다.

[그림 6]에서 UserIpAddress 부분은 여러분의 IP주소를 입력하면 됩니다.

```
C:\>mkdir c:\MiningTest
C:\>geth --dev --datadir "C:\ethereum\data" --rpc —rpcaddr
UserIpAddress --rpcport "8552" --rpcapi "admin,db,eth,debug,
miner,net,shh,txpool,personal,web3" --port 3030 --nodiscover
--networkid 2525 console
```

[그림 6] Geth 실행

실행하면 다음과 같은 화면 출력 후 명령 프롬프트가 출력되고 대기하는 것을 볼 수 있습니다.

[실행결과]

```
...

instance: Geth/v1.6.4-stable-9c2882b2/windows-amd64/go1.8.3
coinbase: 0x2723913c776b100168696192b3c08ce75691640c
```

```
at block: 7399 (Wed, 09 Aug 2017 04:06:46 KST)
datadir: C:\MiningTest
modules:  admin:1.0  debug:1.0  eth:1.0  miner:1.0  net:1.0
personal:1.0 rpc:1.0 shh:1.0 txpool:1.0 web3:1.0

>
```

miner.start( )를 입력합니다.

이제 컨트랙트를 배포할 차례입니다. 다시 Mist로 돌아와서 편집창의 오른편에서 설치할 컨트랙트인 SimpleStorage를 선택합니다. 다음으로 하단의 설치 버튼을 선택하면 다음과 같은 화면이 출력됩니다.

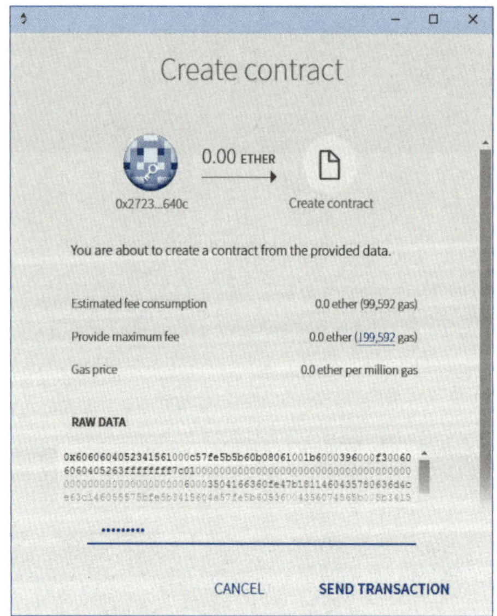


[그림 7] 컨트랙트 설치

패스워드를 입력한 후, 트랜잭션 전송 버튼을 선택하면 배포가 되는 것을 볼 수 있습니다. 다시 상단의 컨트랙트 버튼을 클릭하여 [그림 4]의 화면으로 돌아오면 주문형 컨트랙트에 SimpleStorage가 추가된 것을 볼 수 있습니다. 우리가 작성한 컨트랙트의 실행결과를 확인하기 위해 SimpleStorage를 선택합니다. 선택하면 [그림 8]과 같은 화면이 출력됩니다.

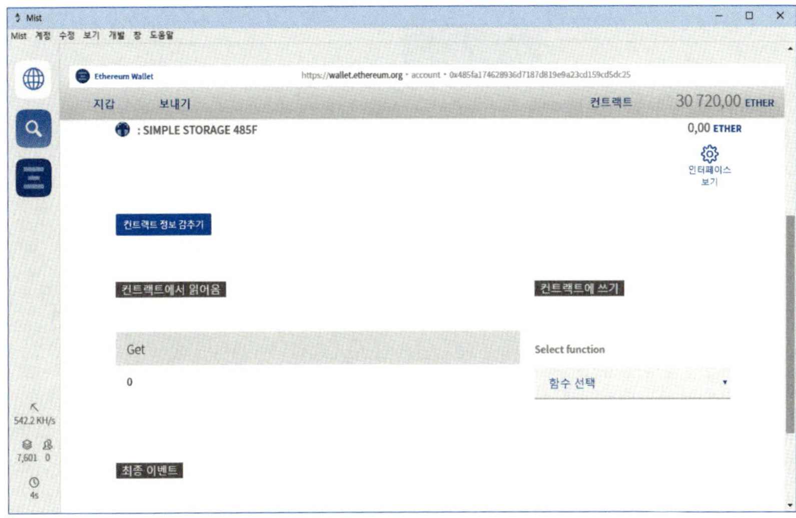

[그림 8] SimpleStorage

## 4.2.3 실행 결과 확인하기

자, 이제 실행 결과를 확인해야죠? 화면의 "컨트랙트에 쓰기"에서 함수 선택 영역을 선택하여 Set을 선택하면 바로 하단에 숫자를 입력할 수 있는 입력란이 출력됩니다.

[그림 9] 함수 선택

우리가 작성한 컨트랙트가 정상적으로 동작하는지 확인하기 위해 이곳에 100이라고 입력한 뒤 실행을 선택합니다. 실행 후 새 창이 출력되면 패스워드를 입력한 뒤 트랜잭션을 보내면 잠시 후 왼편의 "컨트랙트에서 읽어옴" 영역에 100이라는 값이 출력되는 것을 볼 수 있습니다.

[실행 결과]

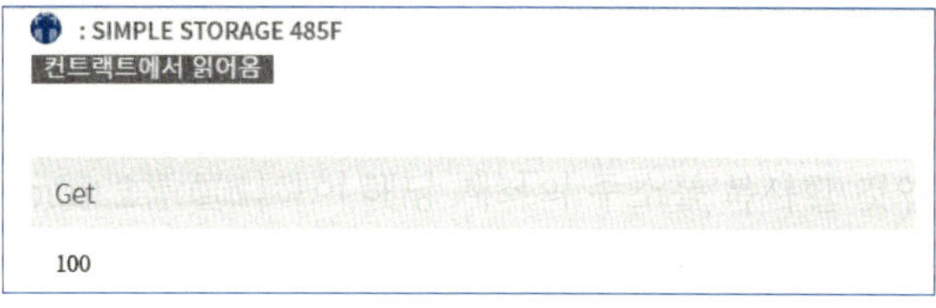

이번 절에서 다룰 내용은 여기까지입니다. 너무 간단해서 "고작 이거야?"라고 생각하는 분도 있을 겁니다. 하지만 이번 절에서는 ① 기본적인 컨트랙트 작성 ② 컨트랙트 배포 ③ 실행 결과의 확인을 익힌 것만으로 충분합니다.

다음 절에서는 Mist가 아닌 웹 기반 컨트랙트 작성 도구인 Remix를 이용하여 이번 절에서 다룬 SimpleStorage 예제를 작성하겠습니다. 수고하셨습니다!

# 4.3 Remix 사용하기

우리는 앞 절에서 Mist를 사용하여 SimpleStorage를 작성해 보았습니다. 이번 절에서는 Mist가 아닌 웹 기반 컨트랙트 작성 도구인 Remix를 이용하여 동일한 예제를 작성해 보겠습니다. Remix는 웹에서 직접 실행하거나 여러분의 PC에 설치하여 실행할 수도 있습니다.

필자는 웹에서 직접 실행하는 방법을 선호합니다. 하지만 실습에 앞서 PC에 설치하여 실행하는 방법을 간략하게 살펴보겠습니다.

먼저 브라우저를 열고 다음의 경로에 접속합니다.

https://github.com/ethereum/browser-solidity/tree/gh-pages

상기 주소에 접속하고 화면 오른편 위의 Clone or download를 선택하여 다운로드 받은 후 적당한 곳에 압축을 해제합니다.

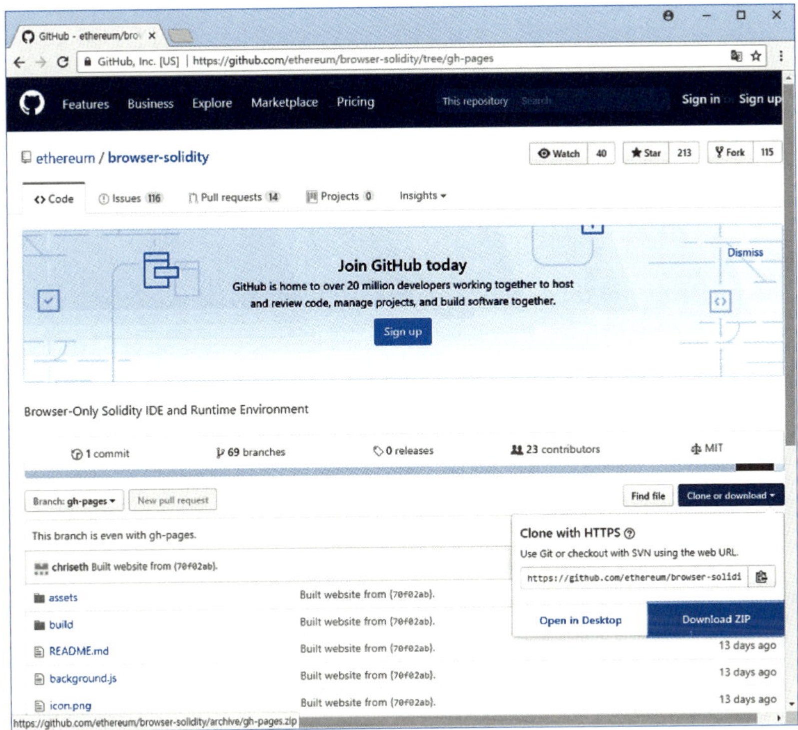

[그림 10] Remix 다운로드

압축이 해제된 경로에 가면 index.htm이라는 파일이 있습니다. 이 파일을 브라우저에서 열면 다음과 같은 화면이 출력됩니다.

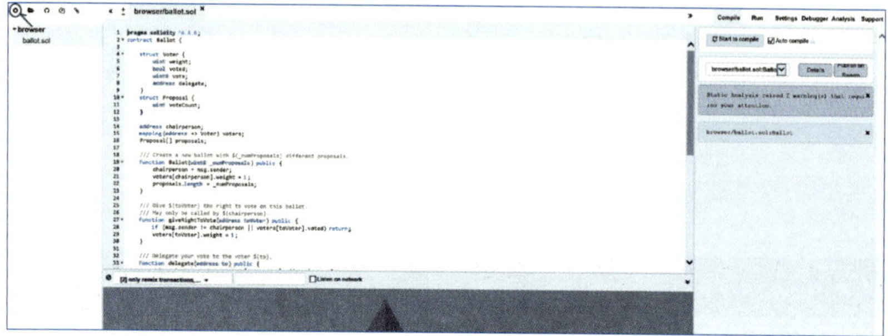

[그림 11] Remix 실행 화면

Remix를 실행하면 ballot.sol이라는 파일이 이미 생성되어 있습니다. [그림 12]에서 보는 것과 같이 화면의 가장 왼편 위에 강조되어 있는 ➕를 선택하여 새 파일을 만듭니다. 이제부터 여러분은 이곳에 예제를 작성할 것입니다. 새 파일의 이름을 SimpleStorage.sol로 변경하고, 앞 절의 [예제 2]와 같이 작성합니다.

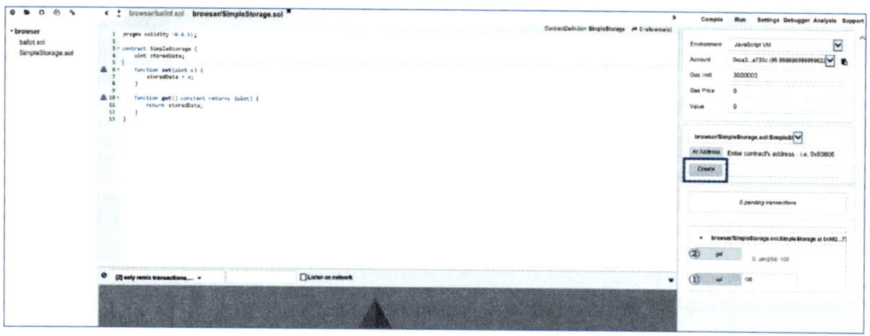

[그림 12] SimpleStorage 결과

붙여넣기를 마친 후 결과를 확인하기 위해 오른편에서 Run 탭을 선택하고, Run 탭에서 Create 버튼을 선택하면 각 함수에 입력과 출력을 할 수 있는 항목이 출력됩니다. 다음으로 실행 결과를 참고해 주세요. 먼저 ① set 오른편의 입력란에 100이라고 입력한 후, set을 클릭합니다. 이어서 ② get을 클릭하고 편집 영역의 아래 쪽에서 details를 선택하면 다음과 같은 결과를 확인할 수 있습니다.

[실행 결과]

| | |
|---|---|
| from | - |
| to | browser/SimpleStorage.sol:SimpleStorage.get() 0x692a70d2e424a56d2c6c27aa97d1a86395877b3a |
| transaction cost | 21688 gas (Cost only applies when called by a contract) |
| execution cost | 416 gas (Cost only applies when called by a contract) |
| input | 6d4ce63c |
| decoded input | {} |
| decoded output | {<br>    "0": "uint256: 100"<br>} |
| logs | [] |

여기까지 Remix에서 컨트랙트를 작성하는 방법에 대해 살펴보았습니다. 앞으로 우리는 Remix를 이용하여 예제를 작성할 것입니다. 다음 절부터는 솔리디티 언어의 문법에 대해 다루겠습니다.

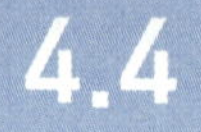

# 4.4 솔리디티의 문법 둘러보기

아마 이 책을 접하는 여러분 중에는 이미 C, C++ 또는 JAVA 등의 프로그래밍 언어를 익힌 분이 많을 겁니다. 하지만 이전에 프로그래밍에 대한 경험이 없이 블록체인과 이더리움부터 접하는 분들이 있을 수 있으므로, 본 장에서는 문법의 기초적인 부분부터 짚고 가려고 합니다.

## 4.4.1 기본 자료형

프로그램에서 데이터를 담는 공간을 변수라고 합니다. 이때, 변수는 담기는 데이터의 종류(Type)에 따라 다르게 선언되어야 하며, 데이터의 종류를 자료형이라고 합니다. 솔리디티 언어는 스마트 컨트랙트에 최적화된 자료형을 지원합니다.

변수를 사용하기 위해서는 먼저 선언을 해야 합니다. 이때 자료형과 변수명을 명시해 주어야 합니다. 변수를 선언하는 방법은 다음과 같습니다.

```
자료형  변수명  데이터
type   name  = data;
```

[그림 13] 변수의 선언 방법

변수 선언 시 데이터는 생략할 수 있지만, 자료형과 변수명은 필수적으로 명시해야 합니다. 그리고 'constant' 키워드를 붙여서 상수로 선언할 수도 있습니다. 이때는 데이터를 생략할 수 없고 반드시 넣어 줘야 합니다.

변수명은 여러분 마음대로 정할 수 있습니다. 하지만 자료형은 대입할 데이터의 형태에 따라 적절하게 선택해야 합니다. 그렇다면 자료형에는 어떤 것이 있을까요? 다음 절에 이어서 자세히 알아보겠습니다.

### 4.4.1.1 정수형(int, uint)

가장 기본적인 자료형으로 숫자 데이터 중 정수(… -1, 0, 1 …)에 해당하는 값을 입력할 때 사용됩니다. 현재까지 스마트 컨트랙트는 실수(… -0.1 … 0.1 …)형 데이터는 지원하지만 자료형은 지원하지 않습니다.

부호 있는 정수와 없는 정수를 각각 int와 uint로 표현할 수 있습니다. int와 uint는 각각 int256, uint256과 같은 의미이며, 메모리 영역 내에서 256비트(32바이트)의 크기를 갖습니다. 솔리디티 언어가 지원하는 정수형의 크기는 8비트, 16비트, 24비트, 32비트부터 256비트까지 다양합니다. 이 점은 uint도 동일합니다.

기본적으로 정수형의 변수는 사칙연산(+, -, *, /)과 나머지 연산(%) 및 제곱 연산(**)을 지원합니다. 하지만 0으로 나누는 경우 오류가 발생합니다. 다음 예제를 통해 정수의 자료형인 int형과 uint형에 대해 알아봅시다.

먼저 Example4.sol 파일을 생성하고, [예제 3]과 같이 컨트랙트를 작성합니다.

[예제 3]

```
1   pragma solidity ^0.4.11;

2

3   contract Example4 {

4       function exampleIntUint() {

5           int n = 1;

6           uint un = 1;

7

8           int divide1 = n / 1;

9           uint divide2 = n / 1;

10      }

11  }
```

4행의 function은 함수를 의미하며 4.4.2절에서 자세히 다룹니다. 일단은
모르셔도 좋습니다. 5행과 6행은 지역 변수들 입니다. 5행에서 int형으로 n
이라는 변수를 선언하고 1을 입력하였으며, 6행에서는 uint형으로 un이라
는 변수를 선언하고 마찬가지로 1을 입력하였습니다.

8행과 9행에서는 각각 int형과 uint형의 변수를 선언하고 변수 n에 대하
여 나눗셈을 시도하였습니다.

Remix에서 [예제 3]을 작성하면 다음과 같은 오류 메시지가 출력될 것입니다.

[실행 결과]

```
browser/Example4.sol:9:9: TypeError: Type int256 is not implicitly
convertible to expected type uint256.
uint divide2 = n / 1;
^-----------------^
```

오류 메시지가 왜 출력될까요? int형과 uint형은 같은 정수의 자료형이지만, 지원하는 범위가 다르기 때문입니다. uint형은 unsigned int라는 의미로 음수를 지원하지 않는 반면 int형은 음수를 지원합니다.

앞서 언급한 대로 int와 uint는 각각 int256, uint256과 같은 의미이며, 메모리 영역 내에서 256비트(32바이트)의 크기를 갖습니다. 정수형의 크기는 8비트, 16비트, 24비트, 32비트부터 256비트까지 다양합니다. 각 자료형의 범위는 다음과 같습니다.

[표 1] 크기에 따른 정수 지원 범위

| 자료형 | 범위 |
| --- | --- |
| int8 | −128 ~ 127 |
| int16 | −32768 ~ 32767 |
| int24 | −8388608 ~ 8388607 |
| int32 | −2147483648 ~ 2147483647 |
| int64 | −9223372036854775808 ~ 9223372036854775807 |

| int128 | −1.7014118346046923173168730371588e+38 ~ 1.7014118346046923173168730371588e+38 |
| int256 | −5.7896044618658097711785492504344e+76 ~ 5.7896044618658097711785492504344e+76 |
| uint8 | 0 ~ 256 |
| uint16 | 0 ~ 65536 |
| uint24 | 0 ~ 16777216 |
| uint32 | 0 ~ 4294967296 |
| uint64 | 0 ~ 18446744073709551616 |
| uint128 | 0 ~ 3.4028236692093846346337460743177e+38 |
| uint256 | 0 ~ 1.1579208923731619542357098500869e+77 |

사실 128비트 이상의 자료형을 사용하면 컨트랙트를 작성하는데 필요한 모든 정수를 소화할 수 있습니다. 하지만 이 경우 불필요하게 공간이 낭비될 수 있으므로, 필요한 범위 내에서 적절하게 선택하는 것이 중요합니다.

# [연습문제 1]



1. [예제 3]의 8행과 9행에서 정수의 나눗셈을 실행하였습니다. 나눗셈뿐만 아니라 덧셈, 뺄셈, 그리고 곱셈을 수행하도록 코드를 수정하고 결과를 확인해 봅시다.

### 4.4.1.2 참거짓형(bool)

boolean형 또는 bool형이라고 부르며, 데이터로 참(true)과 거짓(false)만 가질 수 있습니다. bool형은 여기까지만 알아두면 됩니다. 참과 거짓에 대해서는 뒤에 배울 조건문(if)에서 자세하게 다루겠습니다.

### 4.4.1.3 나열형(enum)

나열형은 개발자가 정의할 수 있는 자료형으로, 특정한 값들만 갖는 변수를 만들고 싶을 때 유용한 자료형입니다. 예를 들어 (Bronze, Silver, Gold, Platinum, Diamond)의 멤버십 등급을 담는 변수를 선언해 봅시다. 생각할 수 있는 방법 중 하나는 정수를 이용해서 Bronze는 0, Silver는 1, …, Diamond는 4라 하고 정수형으로 선언할 수도 있겠지만, 이러면 가독성이 매우 떨어집니다. 또한, 실수로 범위를 벗어나는 5 이상의 정수가 나오면 매우 곤란해집니다. 대신에 아래 예제와 같이 나열형으로 선언하면 깔끔하게 이런 문제들을 처리할 수 있습니다.

[예제 4]

```
1   pragma solidity ^0.4.11;

2

3   contract Example4 {

4       enum Tier {Bronze, Silver, Gold, Platinum, Diamond}

5
```

```
6        Tier Alice = Tier.Bronze;

7        Tier Bob = Tier.Gold;

8        Tier Charlie = Tier.Diamond;

9    }
```

4행에서 멤버십 등급을 나열형으로 선언했습니다. 6행부터 8행을 보시면 세 명의 등급을 직관적으로 알 수 있습니다. 또한, 프로그래밍을 하면서 다섯 가지 등급 이외의 잘못된 등급을 사용하는 실수는 컴파일러가 알려줄 것입니다.


### 4.4.1.4 주소형(address) 기초

주소는 20바이트 크기의 자료형으로 address 키워드로 선언하며 컨트랙트의 주소를 저장할 때 사용합니다. 주소는 40자리의 16진수 정수로 표현됩니다. 주소는 다양한 함수(기능)를 제공합니다.

① balance: 해당 지갑이나 컨트랙트의 이더 잔고를 조회할 때 사용합니다.

② transfer, send: 해당 지갑이나 컨트랙트로 이더를 송금할 때 사용합니다. 송금 단위는 Wei(1 wei = $10^{-18}$ ether)입니다.

[예제 5]

```solidity
1   pragma solidity ^0.4.11;
2
3   contract Example4 {
4       function exampleAddress() {
5           address sender = this;
6           address recipient = 0xABC;
7
8           recipient.transfer(5);
9       }
10  }
```

5행과 6행에서 각각 sender과 recipient라는 address형의 변수를 선언하였습니다. 예제에서 sender는 선언만 되었을 뿐 사용되지 않습니다. this는 현재 컨트랙트를 나타내는 것으로서 sender에 현재 컨트랙트의 주소를 입력한다는 의미입니다. recipient에는 거래를 진행할 상대방 주소(0xABC)를 입력하였습니다.

8행에서 recipient에 5 wei를 송금합니다.

transfer와 send는 비슷하지만 약간 다릅니다. 송금 과정에서 어떤 이유 (예를 들면 gas 부족 등)에 의해 송금이 실패한 경우, transfer는 즉시 오류를 발생시켜 컨트랙트 실행을 취소합니다. 하지만 send는 오류를 발생시키지 않고 단지 거짓, 즉 false만 반환하며 뒤의 코드는 계속 실행됩니다. 그러므로 send를 사용할 때는 송금이 제대로 되었는지 꼼꼼하게 확인해야 합니다. 그렇지 않으면 취약점으로 인해 중복 인출과 같은 문제가 발생할 수 있습니다. 반드시 send를 사용해야 하는 경우가 아니라면 transfer를 사용하는 것을 권장합니다.

### 4.4.1.5 튜플(Tuple)

튜플은 크기가 컴파일 전에 미리 정해진 데이터들의 묶음이라 할 수 있습니다. 각 데이터가 다른 자료형이 되어도 괜찮습니다. 데이터들을 묶어서 쓰므로 여러 데이터가 한 번에 처리되고, 코드가 보기 간결해지는 장점이 있습니다. 튜플은 괄호로 묶어서 선언할 수 있습니다. 다음 예제를 보세요.

[예제 6]

```
1  pragma solidity ^0.4.11;
2
3  contract Example4 {
4    function f() {
5      var (x, y, z) = (1, 2, true);
6      (x, y) = (y, x);
7      var (a, b) = (x, y);
8    }
9  }
```

5행에서 변수 x, y, z에 각각 1, 2, true을 넣어 주었습니다. 튜플을 사용하지 않으면 세 개의 변수에 대입하는데 세 줄이 필요한데, 세 칸 크기의 튜플을 사용하니 한 줄로 해결되었습니다. 여기서 var는 구체적인 자료형을 표시하지 않고 선언할 때 쓰이는 것입니다. var에 대해서는 나중에 4.4.4.3절에서 자세히 설명하겠습니다. 6행에서는 다른 크기의 튜플을 사용해서 z는 놔두고, x와 y에 대해서만 연산하였습니다. x와 y는 서로 바뀌어 x에는 y의 값이, y에는 x의 값이 들어갑니다.

## [연습문제 2]

1. [예제 6]의 7행에서 a와 b에 관한 선언이 있습니다. a와 b가 각각 어떤 값
   을 갖는지 확인해 봅시다.

# 4.4.2 함수

앞 절의 설명에서 함수를 반복적으로 언급하였습니다. 함수는 무엇일까요? 이번 절에서는 함수에 대해 자세히 짚고 가겠습니다.

프로그램 코드를 작성하다 보면 동일한 코드가 여러 번 반복될 때가 있습니다. 반복되는 부분이 많아지면 코드는 알아볼 수 없을 정도로 길어지게 됩니다. 프로그래머도 알아보기 힘든 코드는 결코 좋은 코드가 될 수 없습니다. 또한, 중복되는 코드를 작성하거나 수정할 때 시간이 매우 낭비됩니다.

이렇게 반복되는 코드를 줄이고 싶을 때 사용하는 것이 바로 함수입니다.

쉽게 예를 들어 설명하겠습니다.

여러분은 100잔의 커피를 만들어야 합니다. 똑같은 과정을 100번 반복하기 싫은 여러분은 커피 머신을 사왔습니다. 커피 머신에 원두를 넣고 버튼을 누르면 커피가 한 잔 나오겠죠? 여기서 커피 머신을 함수라고 할 수 있습니다.

입력으로 원두를 넣으면 커피 머신이 적절한 처리를 하여 출력으로 커피를 내놓습니다. 이때 커피를 뽑기 위해 버튼을 누른 것을 커피 머신 함수를 "호출"한다고 표현합니다.

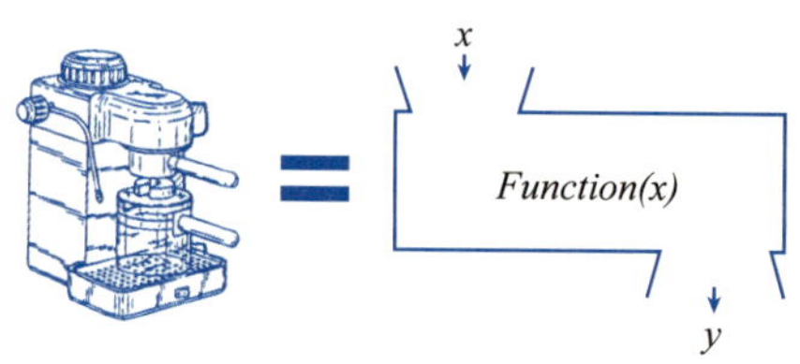


[그림 14] 함수의 개념

프로그래밍에서 함수는 수학의 함수와 같습니다. 입력값을 넣으면, 여러분이 정의한 함수에 따라 이 값을 처리하여 원하는 출력값을 돌려줍니다.

여러분이 기억해야 할 사항은 총 세 가지입니다.

① 함수의 입력값
② 함수의 처리 과정
③ 출력값의 형태

프로그램 코드의 길이가 길어진다면, 함수를 사용하면 중복되는 코드를 줄이고 가독성을 높여서 유지와 보수 및 수정이 용이해집니다. 또한, 잘 만들어진 함수는 필요할 때마다 호출해서 사용이 가능하므로, 재사용성이 향상됩니다. 그러므로 프로그램을 작성하기 전에 어떤 함수를 작성할지 신중하게 설계하는 것이 매우 중요합니다.

## 4.4.2.1 함수의 구조

여러분은 이미 앞 절에서 다양한 예제를 다루면서 함수를 접했습니다. 다음은 [예제 2]입니다.

[예제 2]

```
1    pragma solidity ^0.4.11;

2

3    contract SimpleStorage {
```

```
 4      uint storedData;

 5

 6      function set(uint x) {

 7          storedData = x;

 8      }

 9

10      function get() constant returns (uint) {

11          return storedData;

12      }

13  }
```

우리가 컨트랙트를 처음 접하며 다루었던 SimpleStorage입니다. 음영되어 있는 6행부터 8행, 10행부터 12행 사이의 코드가 바로 함수입니다. 이중 function 키워드로 시작되는 6행과 10행이 함수의 머리(Header)에 해당되며, 나머지 부분이 몸체(Body)에 해당됩니다. 함수의 머리부터 몸체까지의 구역을 함수의 내부라고 하며, 함수의 내부에 선언된 변수를 지역 변수(local variable), 외부에 선언된 변수를 상태 변수(state variable)라고 합니다. 지역 변수는 함수의 내부에서만 사용할 수 있으며, 상태 변수는 함수를 벗어나 컨트랙트 내에서 자유롭게 사용할 수 있습니다.

함수의 형태는 다음과 같으며 이를 함수의 선언이라고 합니다.

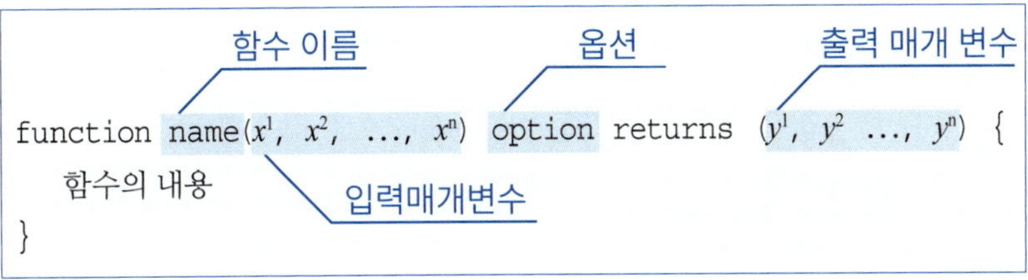


[그림 15] 함수의 선언 방법

함수를 선언하기 위해서는 ① 함수의 이름(name)과 ② 입력 매개 변수(1, 2, ..., n), 그리고 ③ 옵션(external/public/internal/private, constant, payable) ④ 출력 매개 변수(1, 2 ..., n)가 필요합니다. 이 중 입력 매개 변수와 옵션, 그리고 출력 매개 변수는 생략할 수 있으나, 함수의 이름은 필수적으로 명시해 주어야 합니다. 함수의 이름은 자유롭게 지정할 수 있으나, 함수의 기능과 연관된 단어를 이용하여 지어야 후에 유지, 보수에 용이합니다.

입력 매개 변수는 함수의 처리에 사용되는 변수로서 함수에 입력할 값이 들어갑니다. 출력 매개 변수는 함수의 처리가 끝난 후, 결과값을 되돌려 받을 변수가 들어갑니다. 함수의 처리 과정은 중괄호({ }) 사이의 몸체에 작성됩니다.

옵션은 생략할 수 있으며, internal과 external을 제외하면 중복 사용이 가능합니다. 옵션의 각 항목은 다음과 같습니다.

① external/public/internal/private : 외부 컨트랙트가 이 함수에 접근할 수 있는지 설정할 수 있습니다. 이를 가시성(Visibility)이라 합니다. private 함수는 내부에서만, internal 함수는 내부와 상속된 컨트랙

트에서 접근이 가능합니다. 컨트랙트 밖에서도 접근을 가능하게 하려면 external이나 public을 붙이면 됩니다. 일단은 public을 사용하시길 권장하며, 둘의 차이는 나중에 4.4.9장에서 자세하게 다룹니다. 이 옵션을 생략하면 자동으로 public으로 적용됩니다.

② constant : 함수가 컨트랙트의 상태(예: 상태 변수)를 수정하지 않음을 보장하려면 constant를 붙여서 상수 함수(constant function)로 선언할 수 있습니다. 상수 함수의 실행은 gas를 소모하지 않습니다. 만약 함수에서 컨트랙트의 상태를 수정하고 싶다면, 이 옵션을 사용해서는 안 됩니다.

③ payable : 컨트랙트가 자신의 함수를 통해 다른 지갑이나 컨트랙트에서 이더를 송금받고 싶은 경우, payable를 붙여 지불 가능 함수(payable function)로 선언해야 합니다.

### 4.4.2.2 함수의 실행

본격적으로 예제를 통해 함수에 대해 익혀 봅시다. 이 장에서 입력 매개변수로 받은 두 수를 합산하여 출력하는 함수를 만들 것입니다. 다음 예제를 보세요.

[예제 7]

```
1   pragma solidity ^0.4.11;
2
3   contract Example4 {
```

```
4        function sum(uint a, uint b) {

5        }

6    }
```

[예제 7]에서 sum은 함수의 이름입니다. 괄호 안의 a와 b는 uint형으로 선언된 입력 매개 변수입니다. 함수를 선언했으므로 두 수를 입력받아 연산하도록 아래와 같이 몸체를 작성합니다.

[예제 8]

```
1    pragma solidity ^0.4.11;

2

3    contract Example4 {

4        function sum(uint a, uint b) {

5            uint result;

6            result = a + b;

7        }

8    }
```

5행에서 연산된 값을 저장할 변수 result를 선언하였고, 6행에서 입력 매개 변수의 연산을 수행하였습니다.

완성되었으니 실행해 볼까요? 입력 매개 변수로 아무 숫자나 입력하고 함수를 호출합니다. 실행 방법은 4.2.3절이나 4.3절을 참고하세요. 저는 대충 5, 10을 입력하였습니다.

```
{ }
```

실행 결과가 이상합니다. 우리가 원하는 출력값은 15인데 말이죠. 무엇이 잘못 되었을까요? 원인은 바로 결과를 출력할 출력 매개 변수가 없으므로 함수 내부에서 연산을 수행한 후 그대로 함수를 종료했기 때문입니다.

원인을 알았으니 출력 매개 변수를 추가해 봅시다. [예제 8]을 다음과 같이 수정해 주세요.

[예제 9]

```
1   pragma solidity ^0.4.11;
2
3   contract Example4 {
4       function sum(uint a, uint b) returns (uint result) {
5           result = a + b;
6       }
7   }
```

4행에서 uint형의 result 변수를 출력 매개 변수로 추가하였습니다. 다시 결과를 확인해 볼까요?

```
Decoded:
uint256 result: 15
```

결과값이 정상적으로 출력되는 것을 볼 수 있습니다.

출력 매개 변수가 단 한 개일 경우 되돌림 값으로 대체할 수 있습니다. 간단하므로 예제만 살펴보고 넘어가겠습니다. 다음 예제를 보세요.

[예제 10]

```solidity
1  pragma solidity ^0.4.11;
2
3  contract Example4 {
4      function operation() returns (uint result) {
5          result = sum(5, 10);
6      }
7
8      function sum(uint a, uint b) returns (uint) {
9          uint result = a + b;
10         return result;
11     }
12 }
```

operation()이 추가되었습니다. ()는 함수라는 의미입니다. operation()에서 sum()을 호출하며 매개 변수로 5와 10을 입력하였습니다. 9행에서 uint형으로 result라는 변수를 선언하며 연산을 수행하였습니다. 10행에서 연산의 결과값을 되돌려 주고 있는데요. 8행을 자세히 보면 출력 매개 변수 대신 자료형만 명시되어 있는 것을 확인할 수 있습니다. 출력 매개 변수에 자료형만 명시한 후, 함수 내에서 return 키워드를 통해 되돌려지는 값을 되돌림 값이라고 합니다. 출력 매개 변수가 2개 이상이면 다음 그림처럼 튜플(Tuple)을 사용해 반환할 수 있습니다.

```
function f() returns (uint, bool, address) {
    returns (1, false, 0xABCD);
}
```

[그림 16] 튜플을 사용한 반환 방법

### 4.4.2.3 생성자(Constructor)

생성자는 컨트랙트가 생성될 때 딱 한 번만 실행되는 함수이며, 보통 컨트랙트들 변수들의 초깃값 등을 세팅할 때 사용됩니다. 초기 세팅이 필요 없다면 생성자를 생략할 수 있습니다. 생성자를 선언하려면 컨트랙트와 같은 이름의 함수를 선언하면 됩니다. 그리고 아직 다중 생성자 선언을 지원하지 않아서, 생성자는 하나밖에 선언할 수 없습니다. 다음은 생성자를 이용해 변수의 초깃값을 설정하는 예제 입니다.

[예제 11]

```solidity
1   pragma solidity ^0.4.11;
2
3   contract Example4 {
4       uint count;
5       address from;
6       address to;
7
8       function Example4(uint _count, address _from, address _to) {
9           count = _count;
10          from = _from;
11          to = _to;
12      }
13  }
```

이렇게 생성자를 선언해 두면 Mist나 Remix에서 컨트랙트를 생성할 때, 생성자의 입력 매개 변수를 넣어줄 수 있는 공간이 따로 생깁니다. 거기에 입력된 매개 변수들은 생성자에 넘어가서 변수의 초깃값으로서 대입되거나 조건 비교 등 컨트랙트의 초기 세팅에 사용됩니다. 예를 들어, [예제 11]을 Remix에서 실행할 때, 아래 그림의 오른쪽 입력란에 입력 매개 변수들을 넣어서 각 변수들의 초깃값을 설정해 줄 수 있습니다.

```
Create    uint256 _count, address _from, address _to;
```

[그림 17] Remix에서 생성자 입력 매개 변수 입력란

또한, new 키워드를 이용해서 컨트랙트가 다른 컨트랙트를 만들 수도 있습니다. 이때도 생성자가 이용됩니다. 다음 예제를 보세요.

[예제 12]

```
1  pragma solidity ^0.4.11;
2
3  contract Example4 {
4      uint a;
5      function Example4(uint a) {
6          a = _a;
7      }
8  }
9  contract Example4Creator {
10     Example4 e = new Example4(2017);
11 }
```

1. [예제 11]을 확장해서, 부호 있는 정수형(uint) 변수와 참거짓형(bool) 변수를 추가하고, 변수들의 초깃값을 생성자에서 받은 값으로 설정해 봅시다.

이 장에서는 함수의 기본적인 선언 방법과 구조에 대해 익혔습니다. 스마트 컨트랙트에서 이더리움을 다루기 위해 제공하는 특수 함수가 있는데, 이에 대한 내용은 후에 다시 다루겠습니다.

## 4.4.3 조건문과 반복문

조건과 반복은 프로그램을 작성할 때 가장 중요한 명령입니다. 프로그램은 주어진 조건에 따라 분기하고 반복하면서 다양한 작업을 수행하기 때문입니다. 이번 절에서는 예제를 통해 조건문과 반복문에 대해 익힙니다.

### 4.4.3.1 if문

앞 절에서 참과 거짓을 데이터로 가질 수 있는 bool형에 대해 익혔습니다. if문은 주어진 조건이 참 또는 거짓인지 여부에 따라 다른 작업을 수행할 때 사용합니다. if문의 사용 방법은 다음과 같습니다.

```
if(조건식 A) {
      조건식 A가 참인 경우 수행
}
else if(조건식 B) {
      조건식 A가 거짓이며 조건식 B가 참인 경우 수행
}
else {
      조건식이 모두 거짓인 경우 수행
}
```

[그림 18] if 문의 사용 방법

if문의 구조는 매우 단순합니다. 괄호 안에 조건을 정의하고, 바로 아래 위치하는 중괄호 안에 참인 경우에 수행할 코드를 작성합니다. 이어지는

else if는 괄호 안의 조건이 참인 경우 수행되며 생략할 수 있습니다. 마지막으로 else와 중괄호는 조건식이 거짓인 경우 수행할 코드를 작성하는데 필요에 따라 생략해도 됩니다.

다음 예제를 통해 if문에 대해 알아봅시다.

[예제 13]

```solidity
1   pragma solidity ^0.4.11;
2
3   contract Example4 {
4       function ifExample() returns (uint){
5           uint n = 50;
6
7           if(n > 25) {  // n이 25보다 큰 수인가?
8                   n++;  // 참(25보다 크면)이면 n을 1 증가 시킵니다, n = n + 1;
9           }
10          else if(n == 25) {
11                  n += 10;  // 참(n이 25와 같다면) n에 10을 더합니다, n = n + 10;
12          }
13          else {
14                  n--;  // 거짓(25보다 작다면)이면 n을 1 감소 시킵니다, n = n - 1;
15          }
16
17          return n;
18      }
19  }
```

　7행과 10행과 13행은 각각 if문의 조건을 선언한 부분입니다. 만약 n이 25보다 크면 8행에 의해 n이 1 증가하고, 25와 같다면 11행에 의해 10을 더합니다. 마지막으로 모든 조건이 거짓이라면 14행에 의해 1 감소합니다. 5행에서 n에 50을 입력하였으므로 결과는 51이 출력될 것입니다. 결과를 확인합시다.

[실행 결과]

```
Decoded:
uint256: 51
```

　지금까지 if문에 대해 살펴보았습니다. if문의 조건식에는 참과 거짓을 결정하기 위해 다음과 같은 비교 연산 및 데이터가 포함될 수 있습니다. 마지막으로 조건식에 사용할 수 있는 표현에 대해 정리하겠습니다. 다음 절에는 이어서 반복문인 for문에 대해 익히겠습니다.

[표 2] 조건식의 예

| 조건식 | 의미 |
| --- | --- |
| a > b | a가 b보다 크면 참, 작으면 거짓 |
| a >= b | a가 b와 같거나 b보다 크면 참, 작으면 거짓 |
| a < b | a가 b보다 작으면 참, 크면 거짓 |
| a <= b | a가 b와 같거나 b보다 작으면 참, 크면 거짓 |
| a > 10 && a < 20 | a가 10보다 크고 20보다 작으면 참(10과 20 사이에 있으면 참) |
| a < 10 \|\| a > 20 | a가 10보다 작거나 20보다 크면 참(10과 20 사이에 있으면 거짓) |
| true | 무조건 참 |
| false | 무조건 거짓 |

## 4.4.3.2 삼항 조건 연산자(Ternary conditional operator)

어떤 변수 myVariable에 조건식 expression이 참이냐 거짓이냐에 따라 다른 값을 넣고 싶을 때, if와 else문을 사용할 수 있습니다. 변수 하나 대입 하자고 if else문을 사용하면 코드의 길이가 너무 길어집니다. 대신에 삼항 조건 연산자를 통해 다음 그림과 같이 한 줄로 표현할 수 있습니다.

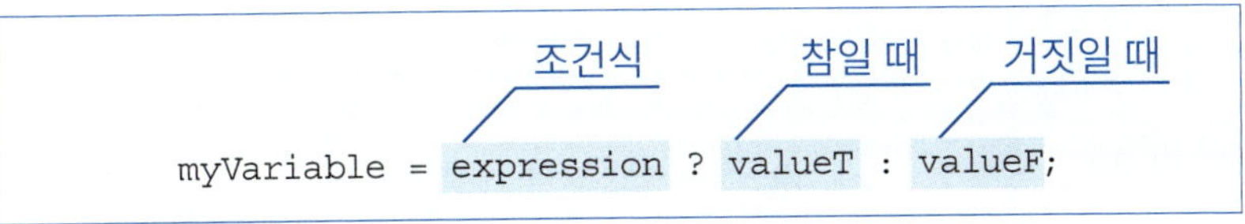


[그림 19] 삼항 조건 연산자의 사용 방법

삼항 조건 연산자는 "〈조건식〉? 〈참일 때〉: 〈거짓일 때〉" 구조를 갖습니다. 위의 그림에서 expression이 참(true)이면 valueT를 반환하고, 거짓(false) 이면 valueF를 반환합니다. 그리고 반환된 값이 myVariable에 들어가게 됩니다.

# [연습문제 4]

1. if문을 사용하지 않고 삼항 조건 연산자로만 정수형(int) 변수 a와 b에 대해 다음을 연산해봅시다:

   ① b가 양수이면 a에 1을 대입
   ② b가 0이면 a에 0을 대입
   ③ b가 음수이면 a에 −1을 대입

   ※ 삼항 조건 연산자 안에 삼항 조건 연산자를 사용할 수 있습니다.

2. 정수형(uint) 변수 c의 범위를 10 이상 50 이하로 하고 싶습니다. c가 최댓값(50)을 초과하면 c를 50으로 설정하고, 최솟값(10) 미만이면 c를 10으로 설정해야 합니다. 물론 정상적인 범위 내에서는 c가 변하면 안 되겠죠. if문을 사용하지 않고 삼항 조건 연산자로만 표현해 보세요.

## 4.4.3.3 for문

프로그램을 작성하다 보면 반복되는 코드가 필요할 때가 있습니다. 수 없이 반복되는 코드는 오류를 수정하는 데에도 불편함을 야기합니다. 한두 번 정도의 반복은 문제가 없지만, 만약 수천 번 이상 반복되는 작업이 필요하다면 반복되어 실행해 주는 명령이 필수적일 것입니다.

다음에 볼 예제는 0부터 9까지 합산하는 프로그램입니다. 반복문을 사용하지 않은 경우 다음과 같이 작성하게 됩니다.

[예제 14]

```
1   pragma solidity ^0.4.11;
2
3   contract Example4 {
4       function forExample() returns (uint) {
5           uint n = 0;
6
7           n += 1;
8           n += 2;
9           n += 3;
10          n += 4;
11          n += 5;
12          n += 6;
13          n += 7;
14          n += 8;
```

```
15        n += 9;
16    }
17 }
```

0으로 초기화된 n에 순차적으로 1부터 9까지 합산하고 있습니다. 만약 1부터 100까지, 아니 1부터 1000까지 합산한다면 아마 매우 비효율적인 작업이 될 것입니다.

다음과 같이 생각해봅시다.

```
i의 초깃값을 1로 입력하고 1000이 될 때까지 반복해 줄래? {
    n += i;
    i++;
}
```

프로그램을 위와 같이 작성할 수 있다면 매우 편리하겠죠? 이때 필요한 것이 바로 for문입니다. for문의 사용 방법은 다음과 같습니다.

```
for(초깃값; 조건식; 증가 또는 감소식) {
    반복할 코드
}
```

[그림 20] for문의 사용 방법

초깃값은 반복 횟수를 셀 변수를 초기화하는 부분이며 처음에 단 한 번만 실행됩니다. 다음으로 조건식이 참인 경우에 반복을 수행합니다. 마지막으로 증가 또는 감소식을 통해 변수의 값이 변화됩니다. 매 반복 시마다 한 번만 실행됩니다.

앞서 반복문 없이 1부터 1000까지의 수를 합산한다면 비효율적임을 언급하였습니다. for문을 통해 작성하면 다음과 같이 간단히 작성할 수 있습니다. 아래 예제를 보세요.

[예제 15]

```
1   pragma solidity ^0.4.11;
2
3   contract Example4 {
4       function forExample() returns (uint) {
5           uint n = 0;
6
7           for(uint i = 0; i < 1000; i++) {
8               n += (i + 1);
9           }
10
11          return n;
12      }
13  }
```

예제를 살펴봅시다. 7행에서 9행까지가 for문을 사용한 영역입니다. 첨자에 해당하는 i는 0으로 초기화되었으며 1000보다 작은 경우, 즉 999가 될 때까지 1씩 증가하며 반복을 수행합니다. 8행에서 n에 i를 합산하는데, 우리는 1부터 1000까지의 수를 합산하고자 하고 i의 첫 값이 0이므로 n에 (i + 1)을 합산해야 원하는 결과를 얻을 수 있습니다. 만약 (i + 1)이 아닌 i만 합산하고 싶다면 7행에서 초깃값을 1로 선언하고, 조건식을 미만(〈)이 아닌 이하(〈=)로 수정하면 됩니다.

　1부터 1000까지 합산한 결과는 500500입니다. 정확한 결과가 출력되었는지 확인해 볼까요?

[실행 결과]

```
Decoded:
uint256: 500500
```

　정확하게 500500이 출력되는 것을 확인할 수 있습니다.

## [연습문제 5]

1. for문에서 증가식을 수정하여 1부터 1000까지의 숫자 중 2의 배수만 합산하도록 예제를 수정해 봅시다.

2. 예제를 수정하여 −1부터 −1000까지의 수를 합산하도록 수정해 봅시다.

## 4.4.3.4 while문

    while문은 for문과 마찬가지로 반복적인 작업을 하는 반복문입니다. for문에서 초깃값, 종료 조건식, 증가 또는 감소식을 사용했는데요, while문은 간단하게 종료 조건식만 적어 주면 됩니다. for문과 비슷하게 동작하게 하려면, 초깃값을 while문 앞에 적고 증가 또는 감소식을 반복할 코드 안에 적어 주시면 됩니다.

```
while(조건식) {
      반복할 코드
}
```

[그림 21] while문의 사용 방법

    while문에 진입하게 되면 먼저 조건식을 비교하고 나서 반복할 코드가 실행되는데, 조건식에 진입하기 전에 반복할 코드를 먼저 실행시키고 조건을 비교하고 싶다면, do-while문을 이용할 수 있습니다.

```
do {
      반복할 코드
} while(조건식);
```

[그림 22] do-while문의 사용 방법

# [연습문제 6]



1. 이전 for문 연습문제들을 이번에는 while문으로 구현해 봅시다.

## 4.4.3.5 break와 continue

위에서 for문과 while문을 배웠습니다. 이 반복문들은 미리 적어 준 조건식이 끝날 때까지 반복할 코드를 매회 실행하게 되는데요, 조건식이 끝나기 전에 반복문을 종료하고 싶다면 break를 사용할 수 있습니다. 또한, 몇몇 회차에서 반복할 코드의 일부를 건너뛰고 싶다면 continue를 사용할 수 있습니다. 아래 예제는 [예제 15]에 조건문 하나와 break를 추가했습니다.

[예제 16]

```solidity
1   pragma solidity ^0.4.11;
2
3   contract Example4 {
4     function forExample() returns (uint) {
5       uint n = 0;
6
7       for(uint i = 0; i < 1000; i++) {
8         n += (i + 1);
9         if (n == 5050) {
10          break;
11        }
12      }
13      return n;
14    }
15  }
```

원래 [예제 15]에서는 1부터 1000까지 합산한 결과 500500을 구하는 것이었습니다. [예제 16]에서는 중간에 n이 5050이면 반복문 실행을 중단하고 빠져나오게 조건문과 break를 추가했기 때문에 1, 2, … 를 더하다가 100까지 더하면 n이 5050이 되어 반복문을 빠져나오게 됩니다. 즉, 다음에 101, 102, … 를 더해야 하지만 무시하고 빠져나옵니다.

이번에는 다음 continue 예제를 봅시다.

[예제 17]

```
1   pragma solidity ^0.4.11;
2
3   contract Example4 {
4       function forExample() returns (uint) {
5           uint n = 0;
6
7           for(uint i = 1; i <= 10; i++) {
8               if (i % 3 == 0) {
9                   continue;
10              }
11              n += i;
12          }
13          return n;
14      }
15  }
```

[예제 17]은 1부터 10까지 덧셈을 하되, 3의 배수(3, 6, 9)는 덧셈에서 제외하는 컨트랙트입니다. 결과 n은 37이 나옵니다. 8행에서 i가 3의 배수이면 11행의 덧셈을 하지 않고 바로 다음 회차(i)로 넘어갑니다. 이렇게 continue를 사용하면 특정 조건에서 반복 코드의 일부를 생략하게 할 수 있습니다.

1. 이전 while문 연습문제들을 다음과 같이 바꿔 봅시다:
    ① while문의 종료 조건식에 'true'를 넣어 무한 순환으로 바꿔 봅시다.
    ② 반복문에 종료 조건을 break를 이용해서 넣어 봅시다.

## 4.4.4 형 변환(Type Conversion)

이번 절은 앞으로 자주 언급될 형 변환에 대해 알아보겠습니다. 어려운 내용이 아니므로 간략히 개념 정도만 이해하고 넘어가도록 합시다.

서로 다른 자료형의 데이터 사이에 연산을 수행하고자 할 때, 같은 자료형으로 변환하는 작업을 형 변환이라고 합니다. 형 변환은 필요에 따라서 컴파일러에 의해 자동으로 변환되는 암묵적 변환과 프로그래밍 과정에서 변환될 자료형을 코드에 적어 수동으로 명시하는 명시적 변환으로 나뉩니다.

### 4.4.4.1 암묵적 변환

암묵적 변환은 데이터의 손실이 없는 자료형 변환에서만 일어납니다. 정수형은 더 큰 정수형으로 암묵적 변환이 가능합니다. 예를 들어 int8과 uint8은 각각 int16과 uint16으로 변환할 때 암묵적 변환이 일어납니다. 하지만 음수를 표현할 수 있는 int형과 음수를 표현할 수 없는 uint형 사이에는 암묵적 변환이 불가능합니다.

자연수는 더 큰 크기의 바이트형으로 암묵적 변환이 가능합니다. 예를 들면 unit16형은 byte2형으로 변환이 가능합니다. 그러나 반대로 byte2형을 uint16형으로는 암묵적 변환이 불가능합니다. 그리고 uint16형으로 암묵적 변환이 가능한 자료형들은 address로 암묵적 변환이 가능합니다.

## 4.4.4.2 명시적 변환

명시적 변환은 변환할 자료형을 고정적으로 결정할 때 사용합니다. 또한, 컴파일러가 암묵적 변환을 해주지 않는 것을 개발자가 데이터 손실을 감안 해서라도 강제로 변환을 하고 싶을 때 사용할 수 있습니다. 명시적 변환은 어떤 데이터의 손실을 일으킬지 모르므로 확실하게 확인 후 사용을 권합 니다.

[예제 18]

```solidity
1   pragma solidity ^0.4.11;
2
3   contract Example4 {
4       function convertExample() returns (uint) {
5           int8 x = -5;                    // x is -5 == 0xFB
6           uint32 y = uint32(x); // y is 0xFFFFFFFB == 4294967291
7
8           uint32 a = 0x12345678;       // a is 0x12345678 == 305419896
9           uint16 b = uint16(a); // b is 0x5678 == 22136
10      }
11  }
```

[예제 18]은 명시적 변환에 의한 데이터 손실을 보여줍니다. 정수형을 비 트 혹은 16진수 단위로 생각하면 어떻게 데이터가 바뀔지 예측할 수 있습 니다. in8형을 uint32형으로 명시적 변환을 할 경우, 본래의 데이터는 −5이

지만 변환 후에는 4294967291이 됩니다. 큰 자료형을 작은 자료형으로 명시적 변환하면 높은 순서의 비트가 잘리게 됩니다. 그러므로 uint32형을 uint16형으로 명시적 변환을 할 경우, 본래의 데이터는 305419896이지만 변환 후에는 22136이 됩니다.

### 4.4.4.3 형 추론(Type Deduction)

형 변환을 마치기에 앞서 마지막으로 형 추론에 대해 알아보겠습니다.

솔리디티 언어는 개발 편의를 위해 형 추론을 지원합니다. 변수를 선언할 때 자료형을 반드시 명시할 필요 없이 var 키워드로 선언할 수 있습니다. 이렇게 선언된 변수는 처음 대입되는 데이터의 형태로 선언됩니다. 그러나 var 키워드는 함수의 매개변수나 변환자에 사용할 수 없습니다.

[예제 19]

```
1   pragma solidity ^0.4.11;

2

3   contract Example4 {

4     function conversionExample() returns (uint) {

5       uint32 a = 0x12345678;        // a has uint32 type

6       var b = a;                    // b has also uint32 type

7       var c = 1;                    // c has uint8 type

8
```

```
 9          for (var i = 0; i < 1234; i++) {
10              // This loop is infinite since i has uint8 type and is always smaller than 1234
11          }
12      }
13  }
```

[예제 19]에서 변수 b는 uint32형이 됩니다. 변수 c는 정수 1이 입력되었으므로 uint8형이 됩니다.

형추론은 편리하지만 특정 상황에서 치명적인 버그를 유발하므로 var 키워드를 사용하는 것은 가급적 피해야 합니다. 9행부터 11행에 있는 for문 안의 변수 i 역시 처음 대입되는 값이 정수 0이기 때문에 uint8형이 됩니다. 하지만 uint8은 최댓값이 255로 무조건 1234보다 작기 때문에 끝나지 못하고 무한 순환(infinite loop)하게 됩니다.

## 4.4.5 배열

앞 절에서 다룬 기본 자료형을 데이터를 싣고 있는 자동차에 비유한다면, 이번 절에서 다룰 배열은 서로 연결된 기차에 비유할 수 있습니다. 간단히 생각해 uint형 변수 세 개를 선언한다면 다음과 같이 선언할 수 있을 것입니다.

```
uint variable1;
uint variable2;
uint variable3;
```

변수를 총 세 번 선언했네요. 코드의 지저분할뿐더러 비효율적인 작업입니다. 배열을 사용하면 다음과 같이 쉽게 선언할 수 있습니다.

```
uint[3] variables;
```

배열을 통해 손쉽게 세 개의 uint형의 변수가 선언되었습니다. 이때 대괄호([ ]) 안에 명시되는 숫자를 첨자 혹은 색인(index)라고 하며, 배열의 길이(=크기)에 해당됩니다. 위와 같이 대괄호가 한 쌍인 형식의 배열을 1차원 배열이라고 합니다. 배열은 첨자의 개수에 따라 2차원 이상의 다차원 배열이 선언이 가능합니다. 쉽게 말해 메모리 공간에 다음과 같이 선언된다고 생각할 수 있습니다.

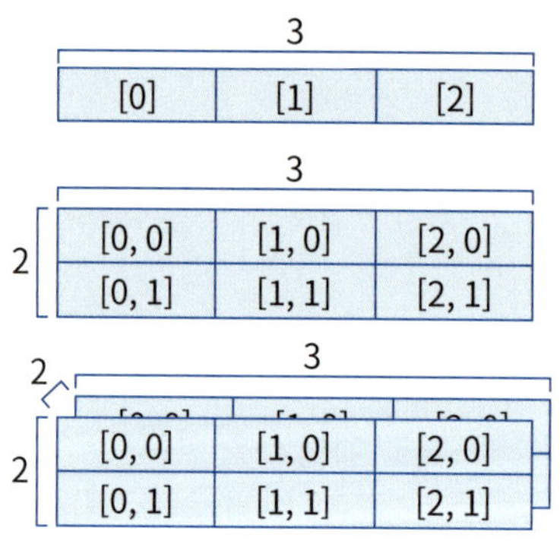


[그림 23] 첨자의 개수에 따른 배열의 예

[그림 23]은 1차원, 2차원, 그리고 3차원 배열의 예입니다. 이것을 코드로 선언하면 다음과 같습니다.

```
uint[3] variable1

uint[3][2] variable2

uint[2][3][2] variable3
```

다음은 간단한 배열의 선언과 접근에 관한 예제입니다.

[예제 20]

```
1   pragma solidity ^0.4.11;
2
3   contract Example4 {
4       uint[3] myArray1;
5       uint[3] myArray2 = [0, 1, 2];
6       uint[3] myArray3;
7       uint[3] myArray4;
8
9       function Example4() {
10          myArray1[0] = 0;
11          myArray1[1] = 1;
12          myArray1[2] = 2;
13          for(uint8 i = 0; i < 3; i++) {
14              myArray3[i] = i;
15          }
16          for(uint8 j = 0; j < 3; j++) {
17              myArray4[j] = myArray3[j];
18          }
```

| 19 | } |
| 20 | } |

위 예제의 배열 4개는 모두 같은 데이터를 가집니다. 첨자를 이용하면 배열의 각 칸에 접근과 대입이 가능합니다. myArray1은 10~12행에서 첨자를 이용해 각 칸의 데이터에 직접 하나씩 대입을 해주었습니다. myArray2는 5행에서 처음부터 선언할 때 바로 모든 데이터를 한 번에 대입해 주었습니다. myArray3은 13~15행에서 반복문을 통해 i를 첨자로 사용해 각 칸의 데이터를 직접 하나씩 대입해 주었습니다. 그리고 16~18행에서 첨자를 이용해 myArray3의 각 칸의 데이터를 갖고 와서 myArray4에 복사합니다.

배열은 length와 push 함수를 지원하는 데 기능은 다음과 같습니다.

① length : 배열의 길이(첨자의 크기)를 반환할 때 사용합니다.
② push : 배열의 마지막에 값을 추가하고 길이를 반환합니다. 저장소 동적 배열에서 사용 가능합니다.

배열은 크기가 정해져 있는 정적 배열(static array)과 실행 시 크기가 정해지는 동적 배열(dynamically array)로 나뉩니다. [예제 21]은 정적 배열과 동적 배열의 선언을 보여줍니다.

[예제 21]

```
1    pragma solidity ^0.4.11;

2

3    contract Example4 {

4        uint[3] globalStaticArray = [1, 2, 3];

5        uint[] globalDynamicallyArray = [1, 2, 3];

6        uint[] globalDynamicallyArrayEmpty;

7

8        function arrayExample() {

9            uint[3] localStaticArray1;              // localStaticArray1.length = 3;

10           uint[4**2] localStaticArray2;           // localStaticArray2.length = 16;

11           uint[] localDynamicallyArray = new uint[](8);
                                                     // localDynamicallyArray = 8;

12           uint[][10] localDynamically2DimensionalArray;

13       }

14   }
```

4행부터 6행은 상태 배열을 선언하고 있으며 각각 정적 배열과 동적 배열을 선언했습니다. 4행과 5행은 선언과 동시에 초깃값을 대입하였으며, 6행은 push를 통해 값을 입력할 수 있습니다.

9행부터 12행은 지역 배열을 선언하고 있습니다. 9행과 10행은 정적 배열을 선언하고 있으며 각각의 길이는 3과 16입니다. 11행과 12행은 동적 배열을 선언하고 있습니다. 하지만 지역 배열의 경우 기본적으로 선언과 동시에 값을 입력할 수 없습니다.

## [연습문제 8]

1. 이번 절에서 익힌 배열은 첨자를 통해 접근이 가능합니다. uint형으로 크기가 100인 배열을 만들고 for문을 이용해 각 배열에 1부터 100까지의 값을 입력해 봅시다.

2. 1에서 만든 배열을 이용하여 1부터 100까지의 수를 합산하는 프로그램을 작성하세요.

### 4.4.5.1 저장소 배열의 선언과 입력

배열이 어디에 저장되는지에 따라 메모리(memory) 배열과 저장소(storage) 배열로 나눌 수 있습니다. 메모리에 저장된 데이터는 컨트랙트의 실행이 종료되면 지워집니다. 하지만 저장소에 저장된 데이터는 블록체인에 저장되어 실행이 종료되어도 영구히 저장됩니다. 그러므로 다음 실행 시에도 이전에 저장소에 저장한 값을 사용할 수 있습니다. 다만, 저장소보다 메모리에 저장하는 것이 gas 소모량이 적습니다.

상태 변수는 무조건 저장소에 저장이 되며, 지역 변수는 옵션에 따라 저장소와 메모리를 변경할 수 있습니다. 하지만 기본적으로는 저장소에 저장되므로 별도로 memory 키워드를 붙이지 않으면 저장소 배열로 선언됩니다. 아래의 [예제 22]에서 선언된 배열들(좌변)은 모두 저장소 배열입니다. 반면에 입력값이나 new 키워드로 선언되는 배열들(우변)은 임시로 메모리에 저장되는 메모리 배열입니다.

[예제 22]

```
1   pragma solidity ^0.4.11;

2

3   contract Example4 {

4       uint32[3] globalStaticArray = [1, 2, 3];

5       uint8[] globalDinamicallyArray = new uint8[](7);

6       uint8[3] globalErrorArray = [1234, 5678, 9012];

7
```

```
 8      function arrayExample() {
 9          uint8[3] localStaticArray = [1, 2, 3];
10          uint8[3] localErrorArray = new uint8[](localStaticArray.length);
11          uint8[] localDinamicallyArray = globalDinamicallyArray;
12      }
13  }
```

[예제 22]는 총 세 군데(6행, 9행, 10행)에서 오류가 발생합니다.

메모리 배열을 상태 배열에 대입할 때(4행, 5행), 배열이 복사되어 사본이 대입됩니다. 하지만 메모리 배열을 지역 배열에 대입할 수 없으므로 컴파일 오류가 발생합니다(9행, 10행). 지역 배열은 11행과 같이 다른 저장소 배열을 참조하거나 또는 다음 절에서 설명할 메모리 배열로 선언하여 사용해야 합니다.

배열이 상태 배열로 대입될 때에는 사본이 복사되면서 필요에 따라 암묵적으로 형 변환이 일어납니다. 예를 들어 예제의 4행에서 우변의 배열([1, 2, 3])은 uint8[3]의 배열인데, 더 큰 범위를 지원하는 uint32[3]의 배열 globalStaticArray에 대입될 때 암묵적으로 형 변환이 됩니다. 반면 6행에서 우변([1234, 5678, 9012])은 uint16[3] 배열로, 더 작은 uint8[3]의 배열 globalErrorArray로 암묵적 형 변환이 불가능하여 오류가 발생합니다. 이때는 더 큰 범위의 배열로 바꾸거나 또는 데이터 손실을 감안한 명시적 형 변환이 필요합니다. 아래와 같이 수정하고 컴파일 오류가 발생하는지를 확인합니다.

[예제 23]

```
    … <코드 생략> …

6       uint256[3] globalErrorArray = [1234, 5678, 9012];

7

8     function arrayExample() {

    … <코드 생략> …
```

6행의 컴파일 오류가 수정된 것을 확인할 수 있습니다.


## 4.4.5.2 메모리 배열의 선언과 입력

앞서 지역 배열의 경우 기본적으로 선언과 동시에 값을 입력할 수 없다고
하였습니다. 하지만 메모리 배열은 new 키워드를 사용하거나 원소들을 대
괄호를 묶어서 할당이 가능합니다. [예제 22]를 다음과 같이 수정합니다. 9
행과 10행을 메모리 배열로 선언하고, 특히 10행은 동적 배열로 수정하면
컴파일 오류가 해결된 것을 확인할 수 있습니다.


[예제 24]

```
    … <코드 생략> …

8     function arrayExample() {

9         uint8[3] memory localStaticArray = [1, 2, 3];

10        uint8[] memory localErrorArray = new uint8[](localStaticArray.length);

11        uint8[] localDinamicallyArray = globalDinamicallyArray;
```

```
12        }
13    }
```

메모리 배열은 저장소 배열과 다르게 암묵적인 형 변환을 지원하지 않습니다. 그러므로 9행에서 좌변을 uint8[3]이 아닌 다른 크기로 변경하면 오류가 발생합니다. 마지막으로 알아둘 점은 기본적으로 동적 배열의 길이는 실행 중에도 결정할 수 있지만, 메모리 동적 배열은 저장소 동적 배열과는 다르게 한 번 생성된 후에는 length에 값을 입력함으로써 배열의 길이를 바꿀 수 없습니다.

### 4.4.5.3 고정 바이트 배열(Fixed-size byte arrays)

데이터의 기본 단위는 비트(bit)입니다. 0과 1만 가지는 자료형이지요. 비트가 여덟 개가 모이면 1바이트(byte)가 됩니다. 즉 8비트는 1바이트가 됩니다. 앞서 익힌 int8, uint8이 1바이트의 크기를 갖는 자료형입니다.

단순한 비트 데이터를 담기 위해 byte의 형태로도 변수를 선언할 수 있습니다. 이때 크기를 고정할 수 있는데, bytes1, bytes2, ..., bytes32로 1바이트부터 32바이트까지 고정된 바이트 크기를 갖는 배열을 선언할 수 있습니다. int256, uint256과 같던 int, uint와 달리 byte는 bytes1과 같습니다.

byte형은 논리 연산이 가능합니다. 논리 연산은 AND(&), OR(|), XOR(^), NEGATION(~)이 있는데 어떤 역할을 하는지 다음 예제를 통해 확인합시다.

[예제 25]

```solidity
1   pragma solidity ^0.4.11;

2

3   contract Example4 {
4       function byteExample() returns (byte and, byte or, byte xor, byte
        negation) {
5           byte v1 = 0x00;        // 00000000 = 0
6           byte v2 = 0xff;        // 11111111 = 255

7

8           and = v1 & v2;
9           or = v1 | v2;
10          xor = v1 ^ v2;
11          negation = ~v1;
12      }
13  }
```

5행과 6행에서 byte형으로 v1과 v2라는 변수를 선언하였고, 각각 0x00
과 0xff의 값을 입력하였습니다. 참고로 0x는 16진수를 표현하는 접두
사로 0x00은 0, 그리고 0xff는 255와 같습니다. 2진수로 표현하면 각각
00000000과 11111111이 됩니다.

8행부터 11행에서 논리 연산을 수행합니다.

논리 연산의 결과를 확인해 볼까요?

[실행 결과]

```
Decoded:
bytes1 and: 0x00
bytes1 or: 0xff
bytes1 xor: 0xff
bytes1 negation: 0xff
```

각 연산의 결과가 출력되었습니다. 각 연산의 결과를 표로 정리하면 다음
과 같습니다.

[표 3] 논리 연산 상태표

| 연산 | 값 1 | 값 2 | 결과 |
|---|---|---|---|
| AND(&) | 0 | 0 | 0 |
|  | 0 | 1 | 0 |
|  | 1 | 0 | 0 |
|  | 1 | 1 | 1 |
| OR(\|) | 0 | 0 | 0 |
|  | 0 | 1 | 1 |
|  | 1 | 0 | 1 |
|  | 1 | 1 | 1 |
| XOR(^) | 0 | 0 | 0 |
|  | 0 | 1 | 1 |
|  | 1 | 0 | 1 |
|  | 1 | 1 | 0 |
| NEGATION(~) | 0 | · | 1 |
|  | 1 | · | 0 |

상태표에 근거하여 8행부터 11행의 논리 연산을 살펴보면 다음과 같습니다. AND 연산은 논리곱으로서 곱셈과 같은 결과를 보여줍니다. 즉 00000000과 11111111을 AND 연산하면 00000000이 됩니다.

$$\times \overline{)\begin{array}{c} 00000000 \\ 11111111 \end{array}} \qquad + \overline{)\begin{array}{c} 00000000 \\ 11111111 \end{array}}$$

00000000          11111111

[그림 24] AND와 OR

[그림 24]와 같이 AND는 곱셈을 한 것과 같으며, OR는 덧셈 결과 1과 같거나 큰 경우에 결과값이 1이 됩니다. XOR는 eXclusive OR라는 의미로서 기본적으로 OR와 같으나 덧셈 결과가 1보다 큰 경우 0이 됩니다. 즉 같은 수면 0, 다른 수면 1이라고 보면 됩니다. NEGATION는 반대라는 의미로서 입력된 수의 반대된 수가 출력됩니다.

# [연습문제 9]



1. [예제 25]를 이용하여 서로 같은 수(0x00과 0x00 또는 0xff와 0xff) 간의 논리 연산을 수행하고 결과를 확인하세요.

## 4.4.5.4 동적 바이트 배열(Dynamically-sized byte arrays)

고정 바이트 배열과 다르게 동적인 크기를 갖는 배열을 선언할 수 있습니다. 동적 바이트 배열은 기본적인 자료형은 아니지만, 편의를 위해 이곳에서 다룹니다. 기본적인 선언의 형태는 다음과 같습니다.

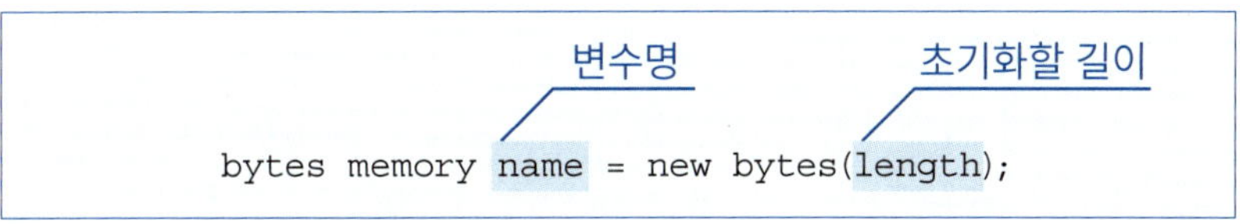


[그림 25] 동적 바이트 배열의 선언 방법

동적 바이트 배열은 상태 변수로 선언될 때를 제외하고 지역 변수로 선언되는 경우, 무조건 **memory**로 선언되어야 합니다. [예제 26]을 통해 동적 바이트 배열을 선언하고 정적 바이트 배열과의 차이점을 확인합니다.

[예제 26]

```
1   pragma solidity ^0.4.11;
2
3   contract Example4 {
4      function byteExample() {
5         bytes2 staticByteArray;
6         staticByteArray = "staticByteArray";
7
```

```
 8          bytes memory dynamicByteArray = new bytes(2);

 9          dynamicByteArray = "dynamicByteArray";

10      }

11  }
```

5행에서 2바이트의 크기의 bytes2형으로 staticByteArray라는 변수를 선언하였습니다. 하지만 6행에서 15바이트[2]의 문자열이 입력되어 오류가 발생할 것입니다. 마찬가지로 8행에서 2바이트의 크기로 dynamicByteArray라는 변수를 선언하였습니다. 하지만 9행에서 16바이트의 문자열을 입력하였지만 오류가 발생하지 않습니다.

왜일까요?

앞서 설명한 대로 정적 바이트 배열은 선언할 때부터 고정된 크기를 지니게 됩니다. 그러므로 할당된 크기보다 큰 데이터가 입력될 경우 오류가 발생합니다. 반면에 동적 바이트 배열은 초기화된 크기보다 큰 데이터가 입력되어도 동적으로 크기를 조정하므로 오류가 발생하지 않음은 물론 데이터의 유실도 없습니다.

동적 바이트 배열이 편리하긴 하지만 고정 바이트 배열보다 많은 gas를 소모하기 때문에, 고정 바이트 배열을 사용하는 것을 권합니다.

사실 저는 이 절에서 bytes형보다도 문자열을 다루는 string형에 대해 다루고 싶습니다. string형의 경우 동적 바이트 배열을 기반으로 하므로 이번 절에서 다루고 넘어가겠습니다. 우선 그 전에 bytes2형은 물론 bytes형도

---

2) 영문은 글자당 1바이트이며, 한글은 글자당 3바이트입니다.

배열이므로 대괄호와 첨자를 이용하여 접근이 가능합니다. 아래 [예제 27]
을 보세요.

[예제 27]

```
1   pragma solidity ^0.4.11;

2

3   contract Example4 {

4       function byteExample() returns (byte[] result) {

5           bytes memory bArray = new bytes(5);

6           bArray = "Hello";

7

8           result = new byte[](5);

9           result[0] = bArray[0];

10          result[1] = bArray[1];

11          result[2] = bArray[2];

12          result[3] = bArray[3];

13          result[4] = bArray[4];

14      }

15  }
```

6행에서 bytes 형태의 bArray 변수에 "Hello"라는 5바이트의 문자열을
입력받았습니다. 결과값을 확인하기 위해 8행에서 result 변수를 5바이트
의 배열로 초기화하였으며, 9행부터 14행까지 각각 한 글자씩 입력하였습
니다.

결과를 확인합니다.



```
Decoded:
bytes1[] result: 0x48, 0x65, 0x6c, 0x6c, 0x6f
```

어째 결과가 이상합니다. 우리는 "Hello!"라는 문자열이 출력되길 바랐지만, 결과는 16진수의 숫자가 출력되었습니다. 출력된 16진수 숫자는 문자가 bytes 형태로 출력되었기 때문입니다. 이를 문자열로 확인하기 위해서는 UTF-8로 변환할 필요가 있습니다.

| | 0 | 1 | 2 | 3 | 4 | 5 | 6 | 7 | 8 | 9 | 0A | 0B | 0C | 0D | 0E | 0F |
|---|---|---|---|---|---|---|---|---|---|---|---|---|---|---|---|---|
| ... | | | | | | | | ... | | | | | | | | |
| 40 | @<br>0x40 | A<br>0x41 | B<br>0x42 | C<br>0x43 | D<br>0x44 | E<br>0x45 | F<br>0x46 | G<br>0x47 | H<br>0x48 | I<br>0x49 | J<br>0x4A | K<br>0x4B | L<br>0x4C | M<br>0x4D | N<br>0x4E | O<br>0x4F |
| 50 | P<br>0x50 | Q<br>0x51 | R<br>0x52 | S<br>0x53 | T<br>0x54 | U<br>0x55 | V<br>0x56 | W<br>0x57 | X<br>0x58 | Y<br>0x59 | Z<br>0x5A | [<br>0x5B | ₩<br>0x5C | ]<br>0x5D | ^<br>0x5E | _<br>0x5F |
| 60 | <br>0x60 | a<br>0x61 | b<br>0x62 | c<br>0x63 | d<br>0x64 | e<br>0x65 | f<br>0x66 | g<br>0x67 | h<br>0x68 | i<br>0x69 | j<br>0x6A | k<br>0x6B | l<br>0x6C | m<br>0x6D | n<br>0x6E | o<br>0x6F |
| 70 | p<br>0x70 | q<br>0x71 | r<br>0x72 | s<br>0x73 | t<br>0x74 | u<br>0x75 | v<br>0x76 | w<br>0x77 | x<br>0x78 | y<br>0x79 | z<br>0x7A | {<br>0x7B | \|<br>0x7C | }<br>0x7D | ~<br>0x7E | DEL<br>0x7F |
| ... | | | | | | | | ... | | | | | | | | |

[그림 26] UTF-8 코드표[3]

[그림 26]은 UTF-8 변환표입니다. 출력된 16진수 숫자의 순서대로 변환하면 0x48은 'H', 0x65는 'e', 0x6c는 'l', 0x6f는 'o'이며, 이는 'Hello'가 됩니다.

---

3) http://www.utf8-chartable.de/

bytes로 출력된 값을 UTF-8 코드를 통해 문자열로 변환하는 작업은 매우 번거롭습니다. 형 변환을 통해 bytes를 문자열인 string으로 바꿀 수 있습니다.

[예제 28]

```
1    pragma solidity ^0.4.11;
2
3    contract Example4 {
4        function byteExample() returns (string result) {
5            bytes memory bArray = new bytes(5);
6            bArray = "Hello";
7
8            result = string(bArray);
9        }
10   }
```

8행에서 bytes형인 bArray를 곧바로 string형으로 형변환 하였습니다. 결과를 확인해 볼까요?

[실행 결과]

```
Decoded:
string result: Hello
```

문자열이 변환되어 출력되는 것을 확인할 수 있습니다.

동적 바이트 배열을 정리하기에 앞서 string형을 사용하면서 유용하게 사용할 수 있는 함수를 몇 개 다루겠습니다. 살펴볼 함수의 기능은 다음과 같습니다.

① 바이트 배열과 문자열의 상호 변환 : 바이트 배열과 string형을 상호 변환합니다.
② 문자열 병합 : 두 개의 문자열을 하나의 문자열로 합칩니다.
③ 부분 문자열 반환 : 부분 문자열(substring)을 반환합니다.
④ 문자열을 숫자로 변환 : string형으로 입력받은 숫자를 int형으로 변환합니다.
⑤ 숫자를 문자열로 변환 : int형의 숫자를 입력받아 string형으로 변환합니다.
⑥ 문자열 탐색 : 문자열과 부분 문자열을 입력받아 일치하는 위치를 찾아 반환합니다.
⑦ 문자열 수정 : 문자열 내의 부분 문자열을 다른 문자열로 수정합니다.

이곳에서 만들 함수는 여러분이 이후에 스마트 컨트랙트를 만들 때 간단하게 복사 및 붙여넣기를 하여 사용할 수 있습니다.

### 4.4.5.4.1 바이트 배열과 문자열의 상호 변환 함수

바이트 배열인 byte[] 또는 bytes형을 string형으로, 또는 string형을 byte[] 또는 bytes형으로 변환하는 함수입니다. 여기서 다룰 함수들은 이후에 다른 함수를 만들 때 유용하게 활용됩니다.

먼저 bytes형과 string형을 상호 변환하는 함수는 매우 간단합니다. 다음 예제를 보세요.

[예제 29]

```solidity
1   pragma solidity ^0.4.11;

2   contract Example4 {
3       … <코드 생략> …
4       function convertBytesToString(bytes b) returns (string) {
5           return string(b);
6       }
7
8       function convertStringToBytes(string str) returns (bytes) {
9           return bytes(str);
10      }
        … <코드 생략> …
11  }
```

[예제 29]는 별도의 설명이 필요 없습니다. 단순히 형 변환을 수행하도록 하였습니다. 문제는 string형에서 byte[] 또는 byte[]에서 string형으로 변환할 때 곧바로 형 변환이 되지 않습니다. 변환을 위한 함수는 다음 예제에서 확인할 수 있습니다.

[예제 30]

```solidity
1  pragma solidity ^0.4.11;
2
3  contract Example4 {
      ... <코드 생략> ...
4      function convertByteArrayToString(byte[] b) returns (string) {
5          bytes memory buffer = new bytes(b.length);
6          for(uint n = 0; n < buffer.length; n++) {
7              buffer[n] = b[n];
8          }
9
10         return string(buffer);
11     }
12
13     function convertStringToByteArray(string str) returns (byte[]) {
14         bytes memory d = bytes(str);
15         byte[] memory buffer = new byte[](d.length);
16
17         for(uint i = 0; i < buffer.length; i++) {
18             buffer[i] = byte(d[i]);
19         }
20
21         return buffer;
22     }
       ... <코드 생략> ...
23 }
```

bytes형과 string형 간에는 상호 형 변환이 가능합니다. 하지만 byte[]는 string형으로 형 변환이 지원되지 않습니다. 그러므로 string형 또는 byte[]의 매개 변수를 입력으로 받았을 때, bytes형으로 변환해야 합니다.

4행의 convertByteArrayToString()은 byte[]로 입력받은 매개 변수를 string형으로 변환하는 함수입니다. 변환을 위해 우선 5행에서 매개 변수 b와 같은 크기의 bytes형 변수 buffer를 선언하고 있습니다. 다음으로 6행부터 8행 사이에서 for문을 통해 b에 저장된 데이터를 첨자로 접근하여 buffer에 추가합니다. 마지막으로 21행에서 buffer를 반환합니다.

실제로 이 함수가 제대로 동작하는지 확인해 봅시다.

[예제 31]

```
1   pragma solidity ^0.4.11;

2

3   contract Example4 {

        … <코드 생략> …

4       function stringExample() returns (string s, byte[] b) {

5           byte[] memory byteArray = new byte[](5);

6           byteArray[0] = byte("H");

7           byteArray[1] = byte("e");

8           byteArray[2] = byte("l");

9           byteArray[3] = byte("l");

10          byteArray[4] = byte("o");

11          s = convertByteArrayToString(byteArray);

12

13          b = convertStringToByteArray("World");
```

```
14        }

       ... <코드 생략> ...

15    }
```

결과 확인을 위해 새로 stringExample( )을 만들었습니다. 함수 내에서 byteArray라는 바이트 배열을 선언한 후, "Hello"라는 문자열을 입력하고 convertByteArrayToString( )을 통해 string형으로 변환하고, convertStringToByteArray( )를 통해 "World"라는 문자열을 바이트 배열로 변환하였습니다.

실행하면 다음과 같이 정상적으로 변환되는 것을 확인할 수 있습니다.

[실행 결과]

```
Decoded:
string s: Hello
bytes1[] b: 0x57, 0x6f, 0x72, 0x6c, 0x64
```

### 4.4.5.4.2 문자열 병합 함수(mergeStrings)

두 개의 문자열을 연결하는 함수입니다. 즉 우리가 원하는 입력과 결과는 다음과 같습니다.

| 입력 | 출력 |
|---|---|
| "Hello, "<br>"World!" | "Hello, World!" |

[그림 27] 문자열 병합 함수의 입력과 출력 예

기존에 자바 또는 C#을 공부한 독자라면 단순하게 + 연산을 통해서 문자열을 병합했을 것입니다. 하지만 솔리디티 언어는 + 연산을 통한 문자열의 병합을 지원하지 않습니다. 문자열 병합 함수를 구현하는 가장 간단한 방법은 입력된 두 개의 문자열의 길이를 크기로 가지는 bytes형 변수를 선언한 뒤 string형을 bytes형으로 변환하여 입력하는 것입니다.

[예제 32]

```
1    pragma solidity ^0.4.11;

2

3    contract Example4 {

         … <코드 생략> …

4        function mergeStrings(string s1, string s2) returns (string) {

5            bytes memory d1 = bytes(s1);

6            bytes memory d2 = bytes(s2);

7

8            bytes memory result = new bytes(d1.length + d2.length);

9

10           return string(result);

11       }

         … <코드 생략> …

12   }
```

[예제 32]는 mergeStrings( )의 기본 구조를 작성한 것입니다. 먼저 입력 매개 변수로 두 개의 문자열을 입력받았으며, 각각 bytes형으로 형 변환하였습니다. 다음으로 결과를 저장할 result 변수를 선언하였는데, 이때 크기

는 두 개의 문자열의 길이를 합한 만큼 지정해 주었습니다.

현재 이 함수는 동작하지 않습니다. 아직 입력된 두 개의 문자열을 결과 변수인 result에 입력하지 않았기 때문인데, 앞서 구현한 convertByteArrayToString() 또는 convertStringToByteArray()처럼 반복문을 통해 첨자를 통해 데이터를 하나씩 복사해야 합니다.

이와 같은 동작을 수행하기 위해 다음의 코드를 추가합니다.

[예제 33]

```solidity
1  pragma solidity ^0.4.11;
2
3  contract Example4 {
     … <코드 생략> …
4    function mergeStrings(string s1, string s2) returns (string) {
5      bytes memory d1 = bytes(s1);
6      bytes memory d2 = bytes(s2);
7
8      bytes memory result = new bytes(d1.length + d2.length);
9      for(uint n = 0; n < d1.length; n++) {
10         result[n] = d1[n];
11     }
12
13     uint i = d1.length;
14     for(n = 0; n < d2.length; n++) {
15         result[i + n] = d2[n];
16     }
```

```
17
18          return string(result);
19      }
        … <코드 생략> …
20  }
```

9행부터 11행은 result에 첫 번째 문자열을 복사하는 코드이며, 14행부터 16행은 두 번째 문자열을 복사하는 코드입니다. 두 번째 문자열을 복사할 때는 이미 result에 첫 번째 문자열이 복사된 상태이므로 이후의 영역에 두 번째 문자열을 복사해야 합니다. 그러므로 13행에서 i라는 uint형 변수에 첫 번째 문자열의 크기를 저장한 후, 15행에서 i만큼 뒤에 이어서 두 번째 문자열을 복사하도록 하였습니다.

[예제 31]을 다음과 같이 수정하여 결과를 확인합니다.

[예제 34]

```
1   pragma solidity ^0.4.11;
2
3   contract Example4 {
        … <코드 생략> …
4       function stringExample() returns (string s) {
5           s = mergeStrings("Hello, ", "World");
6       }
        … <코드 생략> …
7   }
```

실행 결과를 확인하면 병합이 정상적으로 수행되는 것을 볼 수 있습니다.

[실행 결과]

```
Decoded:
string s: Hello, World
```

### 4.4.5.4.3 부분 문자열 반환 함수(subString)

문자열에서 특정 위치부터 특정 길이만큼만 반환받고 싶은 경우가 있을 것입니다. 예를 들면 "홍길동"이라는 문자열에서 성을 제외한 이름인 "길동"만 반환받고 싶은 경우가 그것입니다. 즉 이번 절에서 만들 함수의 기능은 다음과 같습니다.

| 입력 | 출력 |
| --- | --- |
| 문자열 : "홍길동" | |
| 시작점 : 1 | "길동" |
| 길   이 : 2 | |

[그림 28] 부분 문자열 반환 함수의 입력과 출력 예

[그림 28]에서 시작점이 1이고 길이가 2인데 왜 "홍길"이 아니고 "길동"이 출력되는지 의문인 분들도 계실 텐데요. 입력된 문자열에서 첫 번째 문자는 "홍"이지만 배열의 첨자는 0부터 시작하므로 시작점 1에 해당하는 문

자는 "길"이 됩니다. 그러므로 시작점이 1, 길이가 2일 경우 "길동"이 출력되어야 합니다.

그럼 부분 문자열 반환 함수를 만들어 볼까요? 먼저 다음 예제처럼 subString()의 기본 구조부터 작성합시다.

[예제 35]

```solidity
1   pragma solidity ^0.4.11;
2
3   contract Example4 {
        ... <코드 생략> ...
4       function subString(string str, uint start, uint length) returns (string) {
5           bytes memory fullBytes = bytes(str);
6
7           bytes memory result = new bytes(length);
8
9           return string(result);
10      }
        ... <코드 생략> ...
11  }
```

기본 구조가 작성되었습니다. 가장 먼저 입력받은 string형 변수를 bytes형으로 변환하였고, 결과를 되돌리기 위한 변수를 선언하였습니다. 이때 결과 데이터는 함수가 호출되는 단계에서 입력 매개 변수로 입력받은 길이인 length만큼의 크기로 선언합니다.

다음으로 부분 문자열을 가져오기 위해 str에서 입력받은 시작점인 start 부터 length만큼 복사하는 코드를 추가합니다.

[예제 36]

```
1  pragma solidity ^0.4.11;
2
3  contract Example4 {
4      function stringExample() returns (string s) {
5          s = subString("Hello, ", 2, 3);
6      }
7
8      function subString(string str, uint start, uint length) returns (string) {
9          bytes memory fullBytes = bytes(str);
10
11         bytes memory result = new bytes(length);
12         for(uint i = 0; i < length; i++) {
13             result[i] = fullBytes[start + i];
14         }
15
16         return string(result);
17     }
        … <코드 생략> …
18 }
```

12행부터 14행까지는 fullBytes의 start부터 length만큼 복사해 오는 코드이며, 4행부터 6행까지는 subString( )의 동작을 확인하기 위한 코드입니다. 추가를 마쳤다면 결과를 확인해 볼까요?

[실행 결과]

```
Decoded:
string s: llo
```

결과가 정상적으로 출력되는 것을 확인할 수 있습니다.

하지만 여기서 끝이 아닙니다. 만약 아래와 같은 경우에 어떤 결과가 발생할까요?

| 입력 | 출력 |
| --- | --- |
| 문자열 : "홍길동" | |
| 시작점 : 3 | ?? |
| 길 이 : 3 | |

[그림 29] 시작점 또는 길이가 부적절한 경우

[그림 29]는 입력되는 시작점 또는 길이가 부적절한 경우를 보여줍니다. 문자열의 총 길이는 3이고, 가장 마지막 문자인 "동"에 해당하는 첨자는 2입니다. 이 경우 접근할 수 없는 영역을 시작점으로 넘겨주게 되면 오류가 발생합니다. 또한, 유효한 시작점을 입력하더라도 길이가 부적절한 경우에도 접근할 수 없는 영역에 접근하게 되므로 동일한 오류가 발생합니다.

예를 들어 [예제 36]을 다음과 같이 수정하는 경우입니다.

[예제 37]

```
1   pragma solidity ^0.4.11;

2

3   contract Example4 {

4       function stringExample() returns (string s) {

5           s = subString("Hello, ", 3, 7);     // s = subString("Hello, ", 7, 3);

6       }

7

        ... <코드 생략> ...

8   }
```

[예제 37]과 같이 수정한 뒤 실행을 하면 다음과 같은 오류가 출력될 것
입니다.

[실행 결과]

```
Exception during execution. (invalid opcode). Please debug the
transaction for more information.
```

오류를 해결하기 위해 어떻게 해야 할까요? 오류가 발생하는 경우는 총
세 가지입니다.

① 시작점이 문자열의 길이보다 클 때

② 길이가 문자열의 길이보다 클 때

③ 시작점과 길이가 모두 문자열의 길이보다 클 때

세 가지의 경우를 잘 생각해 보면 오류가 발생하는 경우는 시작점과 길이를 합산했을 때 문자열의 길이보다 크면 오류가 발생하는 것을 알 수 있습니다. 이제 해결책은 명확해졌습니다. subString()를 실행하기에 앞서 시작점과 길이를 합산한 값과 문자열의 길이를 확인하면 해결될 것입니다. [예제 38]과 같이 코드를 추가합니다.

[예제 38]

```solidity
1   pragma solidity ^0.4.11;
2
3   contract Example4 {

        … <코드 생략> …
4       function subString(string str, uint start, uint length) returns (string) {
5           bytes memory fullBytes = bytes(str);
6
7           if(start + length > fullBytes.length) {
8               return str;
9           }
10
11          bytes memory result = new bytes(length);
12          for(uint i = 0; i < length; i++) {
13              result[i] = fullBytes[start + i];
```

```
14          }

15

16          return string(result);

17      }
        … <코드 생략> …
18  }
```

7행부터 9행을 보면 for문을 통해 데이터를 복사하기 전에 start와 length의 합이 fullBytes의 길이보다 길면 전체 문자열을 되돌리고 함수를 종료하도록 하였습니다.

[실행 결과]

```
Decoded:
string s: Hello
```

결과를 확인하면 오류가 해결되고 전체 문자열이 반환되는 것을 확인할 수 있습니다. 앞으로도 종종 함수의 기능을 수행하기에 앞서 조건의 유효함을 확인하는 코드를 추가할 텐데, 이렇게 유효한 조건을 벗어난 경우 오류가 발생하지 않도록 함수를 종료하는 코드를 '방어 코드'라고 합니다.

### 4.4.5.4.4 문자열을 숫자로 변환하는 함수(convertStringToInt)

이번에 만들 함수는 문자열을 숫자로 변환하는 함수입니다. 앞서 동적 바이트 배열을 다룰 때 [그림 26]에서 UTF-8 코드표를 살펴보았습니다. 컴퓨터는 영문자 "A"를 16진수인 0x40으로 인식하듯이 숫자 "1"도 1이 아닌 0x31로 인식합니다. 10진수로 변환하면 49가 됩니다. 즉 문자열 "1"을 숫자 1로 변환하기 위해서는 48을 빼야 올바른 결과를 얻을 수 있는 것입니다.

| | 0 | 1 | 2 | 3 | 4 | 5 | 6 | 7 | 8 | 9 | 0A | 0B | 0C | 0D | 0E | 0F |
|---|---|---|---|---|---|---|---|---|---|---|---|---|---|---|---|---|
| ... | | | | | | | | ... | | | | | | | | |
| **20** | <br>0x20 | !<br>0x21 | "<br>0x22 | #<br>0x23 | $<br>0x24 | %<br>0x25 | &<br>0x26 | '<br>0x27 | (<br>0x28 | )<br>0x29 | *<br>0x2A | +<br>0x2B | ,<br>0x2C | −<br>0x2D | .<br>0x2E | /<br>0x2F |
| **30** | 0<br>0x30 | 1<br>0x31 | 2<br>0x32 | 3<br>0x33 | 4<br>0x34 | 5<br>0x35 | 6<br>0x36 | 7<br>0x37 | 8<br>0x38 | 9<br>0x39 | :<br>0x3A | ;<br>0x3B | <<br>0x3C | =<br>0x3D | ><br>0x3E | ?<br>0x3F |
| ... | | | | | | | | ... | | | | | | | | |

[그림 30] UTF-8 코드표

일단 자연수만 한정하였을 때 10보다 작은 수, 그러니까 한 자릿수는 변환이 간단합니다. 다음 예제를 보세요.

[예제 39]

```
1  pragma solidity ^0.4.11;

2

3  contract Example4 {

4      function stringExample() returns (int v) {

5          v = convertStringToInt("1");
```

```solidity
  6        }
  7
  8        function convertStringToInt(string s) returns (int) {
  9            bytes memory b = convertStringToBytes(s);
 10            int result = 0;
 11
 12            result = int(b[0]) - 48;
 13
 14            return result;
 15        }
           ... <코드 생략> ...
 16    }
```

오로지 한 자릿수를 변환할 땐 바이트로 변환한 뒤 단순하게 48을 빼면
됩니다. 하지만 두 자리, 세 자리 이상의 문자열을 변환하게 되면 좀 더 복
잡해지는데, 예제를 통해 설명하도록 하겠습니다.

[예제 40]

```solidity
  1    pragma solidity ^0.4.11;
  2
  3    contract Example4 {
  4        function stringExample() returns (int v) {
  5            v = convertStringToInt("123");
  6        }
```

```solidity
 7
 8    function convertStringToInt(string s) returns (int) {
 9        bytes memory b = convertStringToBytes(s);
10        int result = 0;
11
12        for(uint i = 0; i < b.length; i++) {
13            result += (int(b[i]) - 48) * int(10 ** (b.length - (i + 1)));
14        }
15
16        return result;
17    }
    ... <코드 생략> ...
18 }
```

12행부터 14행까지의 for문이 모든 자릿수를 변환하는 코드입니다. 각 자릿수를 숫자로 변환한 뒤 자릿수에 맞게 10의 제곱수를 곱하여 나온 결과를 result에 합산하는 부분인데, 예를 들어 "123"이라는 숫자를 보면 100의 자릿수는 "1"이 됩니다. 1은 [그림 30] UTF-8 코드표를 통해 알 수 있듯이 0x30이며, 10진수로 변환하면 49가 됩니다. 그러므로 48을 빼야 1이라는 올바른 값을 얻을 수 있습니다. 이제 이렇게 구해진 1에 10의 제곱수를 곱해야 합니다. "123"이라는 문자열에서 "1"의 위치는 0이 됩니다. 100이라는 값을 구하기 위해 곱해야 할 값은 $10^2$이고, 100(= 1)까지 곱해야 하므로 문자열의 길이로부터 (i + 1)을 뺀 후 10에 제곱한 수를 곱합니다. 이와 같은 작업을 모든 자릿수에 반복하면 123이라는 값을 구할 수 있습니다.

그럼 결과를 확인해 볼까요?



```
Decoded:
int256 v: 123
```

정확히 123이 출력되는 것을 확인할 수 있습니다.

하지만! 여기서 끝이 아닙니다. 만약 "123"이 아닌 "-123" 혹은 "+123"이 입력된다면 어떤 결과가 출력될까요? "+"가 0x2B, "-"가 0x2D이므로 아마 전혀 엉뚱한 값이 출력될 것입니다. 이 문제를 해결하기 위해 문자열을 입력받았을 때 첫 번째 문자를 확인하고 만약 "+" 또는 "-"라면 다음 문자부터 연산을 수행하도록 해야 할 것입니다. 또한, 첫 문자가 "-"라면 연산을 종료한 뒤 -1을 곱해야 정확한 값이 출력될 것입니다.

[예제 41]은 입력되는 문자열이 "+" 또는 "-"로 시작하는 경우에도 올바른 결과를 구할 수 있도록 코드를 추가한 예제입니다.

[예제 41]

```
1  pragma solidity ^0.4.11;
2
3  contract Example4 {
4      function stringExample() returns (int v) {
5          v = convertStringToInt("-123");
```

```solidity
 6      }
 7
 8      function convertStringToInt(string s) returns (int) {
 9          bytes memory b = convertStringToBytes(s);
10          int result = 0;
11          uint start = 0;
12          int phase = 1;
13
14          if(b[0] == byte("-")) {
15              phase = -1;
16              start = 1;
17          }
18          else if(b[0] == byte("+")) {
19              start = 1;
20          }
21
22          for(uint i = start; i < b.length; i++) {
23              result += (int(b[i]) - 48) * int(10 ** (b.length - (i + 1)));
24          }
25
26          result *= phase;
27
28      return result;
29      }
       ... <코드 생략> ...
30  }
```

11행에서 선언된 start는 첫 문자가 "+" 또는 "-"일 때 다음 문자부터 연산을 수행하도록 하기 위한 변수이며, 12행에서 선언된 phase는 최종 값을 양수 또는 음수로 만들기 위한 변수입니다.

14행에서 만약 첫 번째 문자가 "-"라면 phase를 -1로 입력하고 start에 1을 입력하였습니다. 만약 "+"라면 start만 1로 입력합니다.

22행에서 본래 i의 초깃값을 0으로 입력하였지만, 만약 첫 문자가 "+" 또는 "-"인 경우 두 번째 문자부터 연산을 수행해야 하므로 start를 초깃값으로 입력하였습니다.

26행에서는 마지막으로 연산을 마친 뒤 앞서 입력된 phase를 곱함으로써 양수 또는 음수로 값을 출력하도록 하였습니다.


결과를 확인해 봅시다.


[실행 결과]

```
Decoded:
int256 v: -123
```


결과가 정상적으로 출력되는 것을 볼 수 있는데, 여기서 끝이 아닙니다. 마지막으로 작업이 하나 남아 있습니다. 바로 앞 절에서 다룬 방어 코드의 추가인데요. 만약 입력되는 문자열이 "+", "-", 또는 숫자가 아닌 다른 문자가 입력되었을 경우, 전혀 엉뚱한 값이 출력될 수 있습니다. 이 때문에 유효하지 않은 문자가 입력된 경우 0을 되돌리고 함수를 종료하도록 할 것입니다. 이때 유효하지 않은 문자는 반드시 문자열의 첫 번째에 위치하지 않을 수도 있으므로 for문을 통해 전체 문자열을 탐색해야 할 필요가 있습니다. 다음의 예제처럼 방어 코드를 추가하고 유효하지 않은 문자를 포함한 뒤 결과를 확인해 보세요.

[예제 42]

```solidity
1   pragma solidity ^0.4.11;
2
3   contract Example4 {
4       function stringExample() returns (int v) {
5           v = convertStringToInt("-X123");
6       }
7
8       function convertStringToInt(string s) returns (int) {
9           bytes memory b = convertStringToBytes(s);
10          int result = 0;
11          uint start = 0;
12          int phase = 1;
13
14          for(uint i = 0; i < b.length; i++) {
15              if((b[i] < byte("0") || b[i] > byte("9"))
16                  && (b[i] != byte("+") && b[i] != byte("-"))) {
17                  return 0;
18              }
19          }
```

```
20
       … <코드 생략> …
21     }
       … <코드 생략> …
22  }
```

### 4.4.5.4.5 숫자를 문자열로 변환하는 함수(convertIntToString)

이번 절에서 구현할 함수는 앞 절에서 구현한 함수와 정반대로 숫자를 문자열로 변환하는 함수입니다. 자바 또는 C# 등의 언어에서는 ToString( )이라는 함수를 지원하여 쉽게 사용할 수 있는데, 역시나 솔리디티 언어에서는 기본적으로 지원하지 않기 때문에 직접 만들어야 합니다. 기본적인 원리는 convertStringToInt( )와 동일한 앞에서부터 한 자리씩 읽어서 문자로 변환한 뒤 추가하는 방법을 사용할 것입니다. 이때 앞 절과는 다르게 숫자를 문자열로 변환하므로 각 자리의 수에 48을 더합니다.

[예제 43]

```
1   pragma solidity ^0.4.11;

2

3   contract Example4 {

        … <코드 생략> …
4       function convertIntToString(int n) returns (string) {

5         uint length = 10;

6           int d; int t; int v = n;
```

```
 7
 8        if(n < 0) {
 9            v *= -1;
10        }
11
12        for(uint j = 1; j <= length; j++) {
13            d = int(10 ** (length - j));
14
15            t = v % d;
16
17            if((v - t) / d > 0) {
18                length = (length - j) + 1;
19
20                break;
21            }
22        }
23    }
    … <코드 생략> …
24 }
```

먼저 자릿수부터 구해야 합니다. 입력받은 수 n을 10⁹부터 1로 나눕니다. 이때 몫이 0보다 클 때 해당 제곱수가 자릿수가 됩니다. 즉 100이라는 수가 입력된 경우, 10⁹로 나눈 후 소수점이 없는 정수로 변환하면 0이 될 것입니다. 같은 연산을 제곱수를 줄이면서 반복하다가 10³으로 나누면 비로소 몫이 1이 되며, 이때 제곱수인 3이 입력받은 n의 자릿수가 됩니다.

먼저 정확한 자릿수를 구하기 위해 n이 음수인 경우 양수로 변환하였습니다.

이어서 솔리디티 언어는 실수의 자료형을 지원하지 않으므로 자릿수를 구하기 위해 나머지 연산을 수행합니다. 15행에서 나머지 연산을 통해 나머지를 구한 후, 17행에서 if문을 통해 몫이 0보다 크면 자릿수를 확정짓도록 하였습니다. 즉 123이라는 숫자가 입력된 경우 15에서 102로 나머지 연산을 수행하여 23을 구한 후, 17행을 통해 n에서 나머지를 감산함으로써 순수한 100을 구합니다. 이렇게 구해진 100을 다시 102로 나눈 몫이 0보다 크므로 123의 길이는 3이 됩니다.

다음으로 결과값을 저장할 변수를 선언해야 합니다. 이때 음수인 경우 첫 번째 문자가 "-"가 되어야 하며, 바이트 배열의 크기 또한 length + 1이 되어야 합니다. 다음 예제를 통해 코드를 추가합니다.

[예제 44]

```
1   pragma solidity ^0.4.11;

2

3   contract Example4 {

    … <코드 생략> …

4       function convertIntToString(int n) returns (string) {

5           uint length = 10;

6           int i = 0; int d; int t; int v = n;

7

8           if(n < 0) {
```

```solidity
 9            v *= -1;
10        }
11
12        for(uint j = 1; j <= length; j++) {
13            d = int(10 ** (length - j));
14
15            t = v % d;
16
17            if((v - t) / d > 0) {
18                length = (length - j) + 1;
19
20                break;
21            }
22        }
23
24        bytes memory buffer;
25        if(n < 0) {
26            buffer = new bytes(length + 1);
27
28            buffer[i] = byte("-");
29            i = 1;
30        }
31        else {
32            buffer = new bytes(length);
33        }
34    }
```

```
         ... <코드 생략> ...

35   }
```

24행에서 bytes형으로 buffer를 선언하였지만 크기를 입력하지 않았습니다. 25행을 통해 음수라면 length + 1의 크기로 선언하고 첫 번째 문자로 "-"를 입력하였으며, 양수인 경우 length의 크기로 선언하였습니다.

이제 최종적으로 출력값을 구할 차례입니다. 우리는 앞서 각 자리의 수를 하나씩 확인하는 코드를 작성하였습니다. 동일한 방식인데 한 줄의 코드가 추가됩니다.

[예제 45]

```
1    pragma solidity ^0.4.11;

2

3    contract Example4 {

         ... <코드 생략> ...

4        function convertIntToString(int n) returns (string) {

5            uint length = 10;

6            int i = 0; int d; int t; int v = n;

7

8            if(n < 0) {

9                v *= -1;

10           }
```

```solidity
11
12      for(uint j = 1; j <= length; j++) {
13          d = int(10 ** (length - j));
14
15          t = v % d;
16
17          if((v - t) / d > 0) {
18              length = (length - j) + 1;
19
20              break;
21          }
22      }
23
24      bytes memory buffer;
25      if(n < 0) {
26          buffer = new bytes(length + 1);
27
28          buffer[i] = byte("-");
29          i = 1;
30      }
31      else {
32          buffer = new bytes(length);
33      }
34
35      for(j = 1; j <= length; j++) {
36          d = int(10 ** (length - j));
```

```solidity
37
38            t = v % d;
39
40            if((v - t) / d > 0) {
41                buffer[i] = byte(((v - t) / d) + 48);
42
43                v -= ((v - t) / d) * int(10 ** (length - j));
44                i++;
45            }
46        }
47
48        return convertBytesToString(buffer);
49    }
        ... <코드 생략> ...
50 }
```

35행부터 40행까지의 코드는 [예제 43]에서 자릿수를 구하던 것과 비슷합니다.

41행에서는 나누기의 몫이 0보다 크다면 해당 몫에 48을 더해 문자로 변환하고 buffer에 추가합니다. 다음으로 43행에서 이미 문자로 추가된 부분을 삭제하는데, 예를 들어 123이라는 숫자를 변환할 때 buffer에 "1"을 추가한 후 필요가 없어진 100을 감산함으로써 23이라는 숫자만 남기게 됩니다. 그리고 for문을 반복하여 23에서 "2"를 추가하며, 같은 방식으로 "3"을 추가하게 됩니다.

마지막으로 48행에서 값을 되돌립니다.

[예제 46]

```
1  pragma solidity ^0.4.11;

2

3  contract Example4 {
4      function stringExample() returns (string s) {
5          s = convertIntToString(-123);
6      }
       … <코드 생략> …
7  }
```

stringExample()을 수정하고 결과를 확인합니다.

[실행 결과]

```
Decoded:
string s: -123
```

### 4.4.5.4.6 문자열 탐색 함수(indexOf)

이번에 만들 함수는 문자열 두 개를 입력받아 일치하는 부분이 있다면 위치를 반환하고, 없다면 -1을 반환하는 함수입니다. 즉 다음과 같은 결과를 얻는 것이 목표입니다.

| 입력 | 출력 |
|---|---|
| 전체 문자열 : "홍길동" | 1 |
| 부분 문자열 : "길동" | |

[그림 31] 문자열 탐색 함수의 입력과 출력 예

방법은 간단합니다. for문을 통해 전체 문자열을 탐색하다 부분 문자열의 첫 번째 문자와 동일한 문자가 발견되면 내부에 새로운 for문을 통해 이후의 문자열이 일치하는지 확인합니다. 만약 모두 일치한다면 해당 위치를 반환하면 되며, 일치하지 않은 경우 내부의 for문을 벗어나 이어서 탐색을 진행하면 됩니다. 백문이 불여일견이니 예제를 살펴보도록 하겠습니다.

[예제 47]

```solidity
1   pragma solidity ^0.4.11;
2
3   contract Example4 {
4       function stringExample() returns (int v) {
5           v = indexOf("Hello, World", "orl");
6       }
7
8       function indexOf(string fullString, string subString) returns (int) {
9           bytes memory fullBytes = bytes(fullString);
10          bytes memory subBytes = bytes(subString);
11          uint same = 0;
12
13          for(uint i = 0; i <= fullBytes.length - subBytes.length; i++)
```

```solidity
14          {
15              if(fullBytes[i] == subBytes[0]) {
16                  same = 1;
17
18                  for(uint j = 1; j < subBytes.length; j++) {
19                      if(fullBytes[i + j] == subBytes[j]) {
20                          same++;
21                      }
22                      else {
23                          same = 0;
24                          break;
25                      }
26                  }
27
28                  if(same == subBytes.length) {
29                      return int(i);
30                  }
31              }
32          }
33
34      return -1;
35  }
    … <코드 생략> …
36 }
```

함수가 시작되면 전체 문자열과 부분 문자열을 각각 bytes로 변환합니다. 다음으로 uint형의 same 변수는 일치하는 문자의 수를 세기 위한 변수입니다. 13행에서 for문을 통해 반복을 수행합니다. 이때 전체 문자열의 길이에서 부분 문자열의 길이를 뺀 만큼만 반복하게 되는데, 그 이유는 이후의 문자열은 확인할 필요가 없기 때문입니다. 즉 "홍길동"과 "길동"이라는 문자열을 입력 매개 변수로 전달받았을 때, 부분 문자열이 두 글자이므로 굳이 "동"까지 탐색할 필요가 없습니다.

15행은 만약 전체 문자열의 i번째 문자와 부분 문자열의 첫 번째 문자가 일치한다면 same에 1을 입력하고, 18행의 내부의 for문을 통해 나머지 문자도 일치하는지 확인하게 됩니다. 만약 일치하지 않는다면 23행과 24행을 통해 same을 0으로 초기화한 후, break를 통해 내부의 for문을 벗어납니다. 내부의 for문을 벗어난 뒤 i를 1증가시키고, 다시 부분 문자열의 첫 번째 문자와의 일치 여부 확인을 반복합니다. 만약 19행을 반복하면서 전체 문자열의 나머지와 부분 문자열이 모두 일치한다면 same이 부분 문자열의 길이와 동일하게 되므로 이 경우 i를 반환합니다.

일치하는 부분이 전혀 없다면 모든 for문을 종료하게 되고 34행을 통해 -1을 반환합니다.


5행과 같이 입력 매개 변수로 "Hello, World"와 "orl"를 전달하였을 때, 다음과 같은 결과를 확인할 수 있습니다.


[실행 결과]

```
Decoded:
int256 v: 8
```

항상 그렇듯이 문자열 탐색 함수도 방어 코드가 필요합니다. 예외 상황을 생각해 볼까요? 현재 구현된 [예제 47]에서는 총 세 가지 경우에 오류가 발생할 것 같습니다. ① 전체 문자열이 없는 경우(" "), ② 부분 문자열이 없는 경우(" "), 그리고 ③ 부분 문자열이 전체 문자열보다 긴 경우가 그것입니다.

그럼 언급한 예외 상황을 생각하면서 방어 코드를 추가하고 이번 절을 마치겠습니다.

[예제 48]

```solidity
1   pragma solidity ^0.4.11;
2
3   contract Example4 {
        ... <코드 생략> ...
4       uint same = 0;
5
6       if(fullBytes.length < 1 || subBytes.length < 1
        || subBytes.length > fullBytes.length) {
7           return -1;
8       }
9
10      for(uint i = 0; i <= fullBytes.length - subBytes.length; i++)
        ... <코드 생략> ...
11  }
```

# [연습문제 10]

1. 이번 절에서 작성한 문자열 탐색 함수는 첫 번째로 일치하는 위치만 반
   환합니다. 입력 매개 변수로 몇 번째로 일치하는 경우인지를 입력하여
   다음과 같은 결과를 얻고 싶습니다. 프로그램을 수정하세요.

| 입력 | 출력 |
|---|---|
| 전체 문자열 : "Hello, World" | |
| 부분 문자열 : "l" | 10 |
| 부분 문자열의 일치 횟수 : 3 | |

### 4.4.5.4.7 문자열 수정 함수(replace)

앞서 계획한 string형 관련 함수 중 마지막 함수입니다. 전체 문자열과 부분 문자열, 그리고 이를 대신할 새 문자열을 입력받아 수정된 문자열을 반환하는 함수입니다. 결과는 다음과 같습니다.

| 입력 | 출력 |
|---|---|
| 전체 문자열 : "홍길동" | |
| 부분 문자열 : "홍" | "고길동" |
| 새로운 문자열 : "고" | |

[그림 32] 문자열 수정 함수의 입력과 출력 예

먼저 전체 문자열 내에 부분 문자열이 존재하는지 확인하고, 이를 새로운 문자열로 바꾸면 될 것 같은데, 우리는 앞 절에서 문자열 탐색 함수를 만들었기 때문에 이를 활용하면 쉽게 구현할 수 있을 것 같습니다. 먼저 세 개의 문자열을 입력 매개 변수로 받는 replace( )라는 함수를 만들고 indexOf( )를 통해 시작점을 구합시다. 그리고 만약 시작점이 -1이라면 전체 문자열을 반환하고 함수를 종료하도록 하겠습니다.

[예제 49]

```
1  pragma solidity ^0.4.11;
2
3  contract Example4 {
4  function replace(string fullString, string oldString, string
   newString) returns (string) {
```

```
5    int start = indexOf(fullString, oldString);

6

7    if(start < 0) {

     return fullString;

     }

     }

        ... <코드 생략> ...

     }
```

지금까지 앞 절의 함수를 이해했다면 별다른 설명이 없어도 이해할 것입니다. 곧바로 다음에 추가할 코드를 살펴보겠습니다.

이제 전체 문자열에서 부분 문자열과 일치하는 부분을 새로운 문자열로 바꿀 차례입니다. 이미 indexOf( )를 통해 시작점을 알게 되었으므로 fullString과 newString을 각각 bytes형으로 변환한 뒤, 시작점부터 newString으로 바꾸면 될 것 같습니다.

[예제 50]

```
1    pragma solidity ^0.4.11;

2

3    contract Example4 {

4        function replace(string fullString, string oldString, string
         newString) returns (string) {

5            int start = indexOf(fullString, oldString);

6
```

```
7          if(start < 0) {
8              return fullString;
9          }
10
11         bytes memory fullBytes = bytes(fullString);
12         bytes memory subBytes = bytes(newString);
13
14         for(uint i = 0; i < subBytes.length; i++) {
15             fullBytes[i + uint(start)] = subBytes[i];
16         }
17
18         return string(fullBytes);
19     }
    ... <코드 생략> ...
20 }
```

14행부터 16행에서 for문을 통해 시작점부터 newString의 길이만큼 fullString을 교체하였으며, 18행에서 결과를 반환하였습니다.

[예제 51]

```
1 pragma solidity ^0.4.11;
2
3 contract Example4 {
4   function stringExample() returns (string s) {
5       s = replace("Hello, World", "World", "Earth");
```

| 6 | } |
| | ... <코드 생략> ... |
| 7 | } |

테스트 코드를 추가한 뒤 실행 결과를 확인합니다.

[실행 결과]

```
DDecoded:
string s: Hello, Earth
```

# [연습문제 11]

1. 이번 절에서 작성한 문자열 수정 함수에는 방어 코드가 없습니다. 발생할 수 있는 예외 상황을 생각해 보고, 적절한 방어 코드를 작성하세요.

2. 현재 문자열 수정 함수는 부분 문자열과 교체할 새 문자열의 길이가 다른 경우 완벽하게 수정되지 않습니다. 아래의 결과를 얻을 수 있도록 프로그램을 수정하세요.

| 입력 | 출력 |
|---|---|
| 전체 문자열 : "Hello, World" | |
| 부분 문자열 : "World" | "Hello, Everyone" |
| 새로운 문자열 : "Everyone" | |

3. 교체할 새로운 문자열이 없는 경우(" ") 부분 문자열과 일치하는 만큼 삭제하고 싶습니다. 아래의 결과를 얻을 수 있도록 프로그램을 수정하세요.

| 입력 | 출력 |
|---|---|
| 전체 문자열 : "Hello, World" | |
| 부분 문자열 : "," | "Hello Everyone" |
| 새로운 문자열 : "" | |

### 4.4.5.4.8 문자열 관련 함수의 작성을 마치며

이번 절에서는 새로운 함수를 만드는 것이 아닌 지금까지 다룬 문자열 관련 함수의 전체 코드를 살펴보도록 하겠습니다. 전체 프로그램 코드를 살펴보며 이해하도록 합시다.

[예제 52]

```solidity
1   pragma solidity ^0.4.11;
2
3   contract Example4 {
4
5       function replace(string fullString, string oldString, string
        newString) returns (string) {
6           int start = indexOf(fullString, oldString);
7
8           if(start < 0) {
9               return fullString;
10          }
11
12          bytes memory fullBytes = bytes(fullString);
13          bytes memory subBytes = bytes(newString);
14
15          for(uint i = 0; i < subBytes.length; i++) {
16              fullBytes[i + uint(start)] = subBytes[i];
17          }
18
```

```solidity
19        return string(fullBytes);
20    }
21
22    function indexOf(string fullString, string subString) returns (int) {
23        bytes memory fullBytes = bytes(fullString);
24        bytes memory subBytes = bytes(subString);
25        uint same = 0;
26
27        if(fullBytes.length < 1 || subBytes.length < 1 || subBytes.
length > fullBytes.length) {
28            return -1;
29        }
30
31        for(uint i = 0; i <= fullBytes.length - subBytes.length; i++)
32        {
33            if(fullBytes[i] == subBytes[0]) {
34                same = 1;
35
36                for(uint j = 1; j < subBytes.length; j++) {
37                    if(fullBytes[i + j] == subBytes[j]) {
38                        same++;
39                    }
40                    else {
41                        same = 0;
42                        break;
43                    }
```

```solidity
44              }
45
46              if(same == subBytes.length) {
47                  return int(i);
48              }
49          }
50      }
51
52      return -1;
53  }
54
55  function convertIntToString(int n) returns (string) {
56      uint length = 10;
57      uint i = 0; int d; int t; int v = n;
58
59      if(n < 0) {
60          v *= -1;
61      }
62
63      for(uint j = 1; j <= length; j++) {
64          d = int(10 ** (length - j));
65
66          t = v % d;
67
68          if((v - t) / d > 0) {
69              length = (length - j) + 1;
```

```solidity
70
71            break;
72        }
73    }
74
75    bytes memory buffer;
76    if(n < 0) {
77        buffer = new bytes(length + 1);
78
79        buffer[i] = byte("-");
80        i = 1;
81    }
82    else {
83        buffer = new bytes(length);
84    }
85
86    for(j = 1; j <= length; j++) {
87        d = int(10 ** (length - j));
88
89        t = v % d;
90
91        if((v - t) / d > 0) {
92            buffer[i] = byte(((v - t) / d) + 48);
93
94            v -= ((v - t) / d) * int(10 ** (length - j));
95            i++;
```

```solidity
 96             }
 97         }
 98
 99         return convertBytesToString(buffer);
100     }
101
102     function convertStringToInt(string s) returns (int) {
103         bytes memory b = convertStringToBytes(s);
104         int result = 0;
105         uint start = 0;
106         int phase = 1;
107
108         for(uint i = 0; i < b.length; i++) {
109             if((b[i] < byte("0") || b[i] > byte("9"))
110             && (b[i] != byte("+") && b[i] != byte("-"))) {
111                 return 0;
112             }
113         }
114
115         if(b[0] == byte("-")) {
116             phase = -1;
117             start = 1;
118         }
119         else if(b[0] == byte("+")) {
120             start = 1;
121         }
```

```solidity
        for(i = start; i < b.length; i++) {
            result += (int(b[i]) - 48) * int(10 ** (b.length - (i + 1)));
        }

    result *= phase;

    return result;
    }

function subString(string str, uint start, uint length) returns (string) {
    bytes memory fullBytes = bytes(str);

        if(start + length > fullBytes.length) {
            return str;
        }

        bytes memory result = new bytes(length);
        for(uint i = 0; i < length; i++) {
            result[i] = fullBytes[start + i];
        }

        return string(result);
    }

    function mergeStrings(string s1, string s2) returns (string) {
```

```solidity
148        bytes memory d1 = bytes(s1);

149        bytes memory d2 = bytes(s2);

150

151        bytes memory result = new bytes(d1.length + d2.length);
152        for(uint n = 0; n < d1.length; n++) {
153            result[n] = d1[n];
154        }

155

156        uint i = d1.length;
157        for(n = 0; n < d2.length; n++) {
158            result[i + n] = d2[n];
159        }

160

161        return string(result);
162    }

163

164    function convertBytesToString(bytes b) returns (string) {
165        return string(b);
166    }

167

168    function convertStringToBytes(string str) returns (bytes) {
169        return bytes(str);
170    }

171

172    function convertByteArrayToString(byte[] b) returns (string) {
173        bytes memory buffer = new bytes(b.length);
```

```
174        for(uint n = 0; n < buffer.length; n++) {

175            buffer[n] = b[n];

176        }

177

178        return string(buffer);

179    }

180

181    function convertStringToByteArray(string str) returns (byte[]) {

182        bytes memory d = bytes(str);

183        byte[] memory buffer = new byte[](d.length);

184

185        for(uint i = 0; i < buffer.length; i++) {

186            buffer[i] = byte(d[i]);

187        }

188

189        return buffer;

190    }

191 }
```

## 4.4.6 맵핑(Mapping)

맵핑은 특별한 자료형으로 배열이 대괄호 안에 0, 1, 2, …의 [색인(index),
데이터]의 쌍이라고 한다면, 맵핑은 [키(key), 데이터]의 쌍이라고 할 수 있습
니다. 키는 정수형뿐만 아니라 주소형도 사용할 수 있습니다. 맵핑은 상태

변수로만 사용이 가능하며 지역 변수로 사용 시 참조하게 됩니다. 맵핑은
다음과 같이 선언할 수 있습니다.

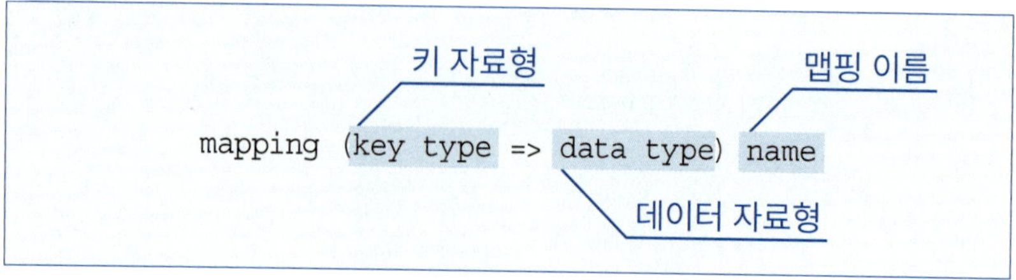

[그림 33] 맵핑의 선언 방법

맵핑은 키와 데이터를 이용하여 선언, 접근, 대입이 가능합니다. 다음 예
제를 보세요.

[예제 53]

```
1  pragma solidity ^0.4.11;
2
3  contract Example4 {
4      mapping (address => uint) public balances;
5
6      function setBalance(uint input) {
7          balances[msg.sender] = input;
8      }
9  }
```

위 예제에서 msg.sender는 컨트랙트를 실행시킨 사람의 주소를 의미합니다. 7행에서 setBalance 함수를 실행하면 msg.sender와 입력받은 input으로 [키, 데이터] 쌍을 만들어 맵핑 balances에 삽입합니다. 이미 있다면, 기존 데이터를 input으로 대체하게 됩니다. 배열이 [색인, 데이터] 쌍을 이루는 것과 비슷하죠?

맵핑의 키에는 맵핑, 동적 배열, 스마트 컨트랙트, 그리고 아래에서 배울 구조체를 제외한 모든 자료형을 사용할 수 있습니다. 또한, 맵핑의 값은 맵핑을 포함한 모든 자료형을 사용할 수 있습니다.

4행처럼 맵핑에 public 키워드를 붙이면 자동으로 값을 반환할 수 있는 함수(getter)가 생성되는데요(4.4.9장 참조), 맵핑의 getter는 조금 어렵습니다. 이 함수는 매개 변수로 원래 맵핑의 키의 자료형을 따르고 반환할 때는 값의 자료형을 따르게 됩니다. 만약 반환 값이 또 맵핑이면 getter는 입력 매개 변수가 2개 이상이 될 수 있고, 각 키에 해당하는 자료형을 따르게 됩니다.

[예제 54]

```
      ... <코드 생략> ...
1   contract BalanceSeeker {
2      function accessBalance(uint input) returns (uint) {
3          Example4 e = new Example4();
4          e.setBalance(input);
5          return e.balances(this);
6      }
7   }
```

[예제 54]는 balances의 값을 getter인 balances( )를 통해 접근하는 예제입니다. balances( )는 balances(address) constant returns (uint) 구조를 갖습니다. [예제 54]는 맵핑을 활용한 컨트랙트 [예제 53]을 3행에서 생성하고, 4행에서 setBalance로 데이터를 입력하고, 5행에서 getter로 그 데이터를 조회하는 컨트랙트입니다. getter가 반환하는 값은 accessBalance 함수에 넣어준 input값과 같겠죠?

맵핑은 처음부터 가능성 있는 모든 키 후보에 대한 [키, 데이터] 쌍이 [키, 0] 쌍으로 미리 선언되어 있는 일종의 표로 볼 수 있으며, 해시(hash)에 의해 암호화되는 해시 테이블(hash table)이라고 할 수 있습니다. 다만 맵핑에 키의 본래 값이 저장되지 않고 대신에 키의 해시 값(keccak256; SHA3)이 저장되는 차이점이 있습니다. 그래서 맵핑의 길이를 조회할 수 없으며 for문과 같은 반복문을 통해 연산하는 것이 불가능합니다.

## [연습문제 12]

1. 위의 [예제 54]에 [주소형, 정수형] 쌍의 맵핑을 사용해 accessBalance 함수를 실행했던 사람들을 기록하고, 이 함수를 몇 번 호출했는지 기록해 보세요.

2. mapping (address => mapping (uint => bool)) 구조처럼 데이터도 맵핑인 맵핑을 선언해 보고, 이 맵핑에 어떻게 대입 및 접근하는지 확인해 보세요.

   ※ 2차원 배열과 비슷합니다.

3. 위 맵핑이 public으로 선언되었을 때 생기는 getter 함수(4.4.9장 참조)가 어떤 구조인지 확인해 보세요. 즉 어떤 자료형의 입력 매개 변수와 출력 매개 변수를 갖는지 확인해 보세요.

## 4.4.7 구조체(struct)

구조체라는 것이 있습니다. 다른 말로는 사용자 정의 자료형이라고 부르는데, 프로그래밍을 하면서 사용하기 편하도록 필요에 따라 변수를 묶은 형태라고 이해할 수 있습니다.

구조체는 기본적으로 저장소에 배치됩니다. 사용자가 만든 구조체로 구조체의 배열을 만들 수도 있으며, 구조체를 값으로 갖는 맵핑을 만들 수도 있습니다. 하지만 구조체가 키인 맵핑은 만들 수 없습니다.

지역 변수로의 구조체의 대입은 사본 없이 원본 구조체를 참조하므로, 구조체인 지역 변수의 데이터를 수정하면 원본 구조체의 데이터도 같이 수정됩니다. 그러므로 같은 구조체를 참조하는 다른 곳에도 영향이 있음에 유의해야 합니다. 구조체의 선언, 접근, 대입은 다음의 예제와 같이 할 수 있습니다.

[예제 55]

```
 1   pragma solidity ^0.4.11;
 2
 3   contract Example4 {
 4       struct personalInfo {
 5           uint32 birthday;
 6           bool isMale;
 7       }
 8
 9       struct student {
```

```
10        uint8[2] scores;

11        uint8 team;

12        personalInfo pi;

13    }

14

15    mapping (address => student) students;

16    student example = student([92, 97], 3, personalInfo(20170101, true));

17

18    function getWholeInfo() returns (student){

19        return students[msg.sender];

20    }

21

22    function getTotalScore() returns (uint8, uint8){

23        return (students[msg.sender].scores[0], students[msg.sender].scores[1]);

24    }

25

26    function joinTeam(uint8 input) {

27        students[msg.sender].team = input;

28    }

29

30    function setPI(personalInfo input) {

31        students[msg.sender].pi = input;

32    }

33

34    function setBirthday(uint32 input) {

35        student local = students[msg.sender];
```

```
36        local.pi.birthday = input;
37     }
38 }
```

4행부터 7행은 구조체 personalInfo의 선언입니다. 그리고 9행에서 13행은 구조체 student의 선언입니다. student 구조체는 personalInfo 구조체형으로 선언된 pi를 포함합니다.

15행은 구조체 student의 맵핑입니다. 16행은 구조체 student을 선언하고 초깃값을 할당하는 예시 상태 변수입니다.

18행부터 20행의 getWholeInfo( )은 맵핑 students에 직접 접근하여 msg.sender의 모든 데이터를 구조체 student 형식으로 가져와 조회하는 함수입니다. msg는 스마트 컨트랙트를 호출한 사용자의 메시지이며, msg.sender는 주소입니다. msg에서 제공하는 변수에 대해서는 이후에 특수 변수 및 함수 부분에서 자세히 다루겠습니다.

22행부터 24행의 getTotalScore( )는 맵핑 students에 접근하여 msg.sender에 해당하는 student의 scores에 저장된 두 개의 값을 가져오는 함수입니다.

다음으로 26행부터 28행의 joinTeam( )은 맵핑 students에 접근하여 msg.sender에 해당하는 student의 team을 수정하는 함수이며, 30행부터 32행의 setPI( )는 msg.sender에 해당하는 student의 personalInfo에 해당하는 pi를 수정하는 함수입니다.

마지막으로 34행부터 37행에 있는 setBirthday( )는 맵핑 students에 지역 변수 local을 통해 간접적으로 접근하여 msg.sender에 해당하는 student의 pi와 birthday를 수정하는 함수입니다.

# [연습문제 13]



1. 위의 [예제 55] 15행의 맵핑 students가 public으로 선언되었을 때(4.4.9장
   참조) 생기는 getter 함수가 어떤 구조인지 확인해 보세요. 즉 어떤 자료형
   의 입력 매개 변수와 출력 매개 변수를 갖는지 확인해 보세요.

   ※ 출력 매개 변수가 많습니다.

구조체는 구성원으로 기본형, 맵핑, 배열, 다른 구조체를 포함할 수 있습니다. 구조체의 크기를 유한하게 제한하기 위해서, 아래 예제 4행부터 8행처럼 구조체는 자기 자신을 포함할 수 없습니다. 다만, 아래 예제 10행부터 13행과 15부터 18행처럼 자기 자신을 값으로 쓰는 맵핑과 배열은 포함할 수 있습니다. 이를 이용해 B tree(자식 노드가 3개 이상이 될 수 있는 트리)와 binary tree(자식 노드가 최대 2개인 트리)를 구현할 수 있습니다.

[예제 56]

```solidity
1   pragma solidity ^0.4.11;
2
3   contract Example4 {
4       struct errorStruct {
5           uint32 data;
6           // errorStruct friend; // error!
7           // mapping (errorStruct => uint) wrongMapping; // error!
8       }
9
10      struct tree {
11          uint32 data;
12          tree[] children;
13      }
14
15      struct binaryTree {
16          uint32 data;
17          mapping (bool => binaryTree) children;
18      }
19  }
```

# [연습문제 14]



1. 위의 [예제 56]의 10행에서 13행처럼 맵핑을 사용하지 않고 자기 자신을 포함하는 구조체를 만들어 binary tree를 구현해 보세요.

2. 1번 문항에서 만든 구조체 혹은 예제의 binaryTree에 노드의 삽입, 삭제, 변경 기능을 추가해 보세요.

3. 배열 대신에 맵핑 mapping (uint => binaryTree)을 사용한 구조체로 B tree를 구현한다면 발생하는 문제점에 대해 생각해 보세요.

   ※ 맵핑과 배열의 차이를 생각해 보세요.

## 4.4.8 상속(Inheritance)

솔리디티는 다중 상속과 다형성을 지원합니다. 편의상 상속을 해주는 컨트랙트를 부모 컨트랙트, 상속받는 컨트랙트를 자식 컨트랙트라고 하겠습니다. 주로 부모 컨트랙트에는 일반적인 것들이나 자식 컨트랙트들이 가지는 공통점들을 담고, 자식 컨트랙트에는 구체적인 것들을 담게 됩니다. 상속을 통해 비슷한 구조를 가진 컨트랙트들을 부모 컨트랙트로 묶어서 마치 같은 컨트랙트처럼 관리할 수 있어서 매우 편리합니다. 이미 있는 컨트랙트를 기반으로 새로운 컨트랙트를 만들 때도 단순히 복사하는 것보다 상속을 사용하면 편리합니다.

자식 컨트랙트는 부모 컨트랙트가 가진 private 아닌 모든 구성원(변수, 함수 등)을 사용할 수 있습니다. 일반적인 상속의 구조는 언어 Python과 비슷합니다. 상속을 하려면, 자식 컨트랙트 이름 뒤에 'is' 키워드를 붙이고 그 뒤에 부모 컨트랙트들의 이름(상속 명단)을 적으면 됩니다. 이때 상속 명단에 적는 순서가 굉장히 중요합니다. 순서에 따라서 부모의 컨트랙트의 코드가 복사되는데, 순서가 잘못되면 컴파일 오류가 날 수도 있고 의미가 완전히 바뀔 수 있습니다.

## 4.4.8.1 오버라이드(Override)

상속 과정을 자세히 보면, 상속 명단에 적힌 순서대로 부모 컨트랙트의 코드를 복사하여 자식 컨트랙트에 붙여넣게 됩니다. 이때 이름이 겹치는 함수들은 나중 순서의 부모 컨트랙트의 것으로 덮어쓰기 됩니다. 이를 오버라이드(override)라고 합니다. 모든 부모 컨트랙트가 복사된 후, 원래 자식 컨트랙트의 코드를 붙여 넣는데, 이때도 이름이 겹치는 함수들은 오버라이드 됩니다.

원래 부모가 가진 함수를 오버라이드 하려면, 같은 이름의 함수를 선언하시면 됩니다. 이때 입력 매개 변수는 부모 함수와 달라도 괜찮지만, 출력 매개 변수는 완전히 같아야 합니다. 아래 예제를 보겠습니다.

[예제 57]

```
1   pragma solidity ^0.4.11;
2
3   contract Parent {
4       uint constant a = 10;
5       function f() constant returns (uint) {
6           return a + 1;
7       }
8   }
9
10  contract Child is Parent {
11      function f() constant returns (uint) {
12          return a + 3;
13      }
14  }
```

부모 컨트랙트와 자식 컨트랙트 모두 함수 f를 가지고 있습니다. 부모 컨트랙트 Parent에서 함수 f를 실행하면 11이 반환됩니다. 그런데 자식 컨트랙트 Child에서 같은 이름의 함수 f를 실행하면 어떻게 될까요? 여기서 f는 오버라이드 되었기 때문에 13이 반환됩니다.

이전에 상속 명단의 순서가 중요하다고 말씀 드렸는데요, 다음 예제를 보세요.

[예제 58]

```solidity
1   pragma solidity ^0.4.11;
2
3   contract Dad {
4       function f() constant returns (uint) {
5           return 10;
6       }
7   }
8
9   contract Mom {
10      function f() constant returns (uint) {
11          return 20;
12      }
13  }
14
15  contract Child1 is Dad, Mom {}
16  contract Child2 is Mom, Dad {}
17  contract Child3 is Mom, Dad {
```

```
18      function f() constant returns (uint) {
19          return 30;
20      }
21  }
```

이 예제에서 Child1, Child2, Child3은 모두 Dad와 Mom을 상속받지만 순서가 다릅니다. Child1에서 f를 실행하면 Mom의 f를 받아오기 때문에 20을 반환하고, Child2에서 f를 실행하면 Dad의 f를 받아오기 때문에 10을 반환합니다. Child3에서 f를 실행하면 자기가 갖고 있는 f로 오버라이드 되었기 때문에 30을 반환합니다.

# [연습문제 15]

1. 상속 명단 순서대로 코드가 복사되기 때문에, 상속 순서가 꼬이면 컨트랙트가 컴파일되지 않을 수 있습니다. [예제 52]에서 다음 4개 컨트랙트를 추가해 보고 컴파일 되는지 확인해 보세요.

   ① contract Grandchild1 is Dad, Mom, Child1 {}
   ② contract Grandchild1 is Dad, Mom, Child2 {}
   ③ contract Grandchild1 is Mom, Dad, Child1 {}
   ④ contract Grandchild1 is Mom, Dad, Child2 {}

## 4.4.8.2 추상 컨트랙트(Abstract contract)

객체 지향 언어의 추상 객체와 비슷하게, 솔리더티도 추상 컨트랙트를 지원합니다. 추상 컨트랙트 자체는 생성할 수 없고, 컨트랙트를 만드는 기초 틀로 활용됩니다. 추상 컨트랙트가 틀을 잡아 놓으면 이를 상속해서 쉽게 자식 컨트랙트에서 구체적인 구조와 기능을 갖게 할 수 있습니다.

단순하게 컨트랙트 내부에서 하나 이상의 함수가 추상 함수이면 자동으로 추상 컨트랙트가 됩니다. 추상 함수는 밑의 그림과 같이, 단지 함수의 이름과 입력 매개 변수 및 출력 매개 변수만 선언해 두고 내용은 없는 함수입니다. 내용이 없기 때문에 중괄호 없이 끝에 세미콜론(;)만 붙이면 됩니다.

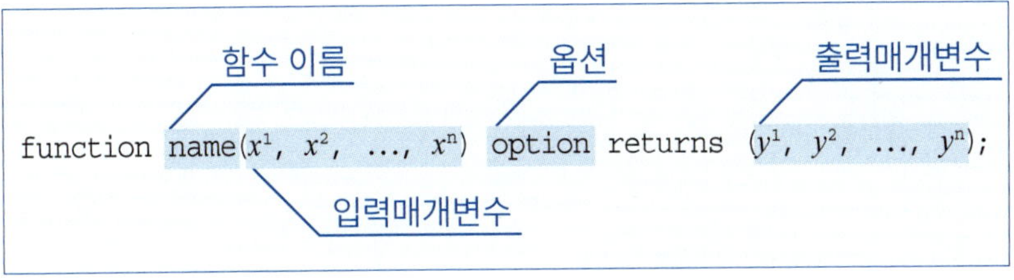


[그림 34] 추상 함수의 선언 방법

나중에 자식 컨트랙트에서 이 추상 함수의 구조를 지닌 함수를 선언해서 그 내용을 반드시 구현해야 합니다. 즉 추상 함수는 일종의 틀, 계획, 요구 사항 등 기본적인 틀을 잡아주고, 이를 상속하는 컨트랙트에서 그 틀을 구체화 시키는 역할로 유용하게 쓰입니다.

### 4.4.8.3 인터페이스(Interface)

인터페이스는 더 엄격한 추상 컨트랙트라 보시면 됩니다. 추상 컨트랙트는 자식 컨트랙트를 위한 틀의 역할도 하지만 자체 기능도 있는 컨트랙트이지만, 인터페이스는 순수하게 기능 없이 틀 역할만 합니다. 틀만 잡고 싶을 때는 인터페이스가 훨씬 유용합니다. 인터페이스 내에는 모든 함수가 추상 함수여야 하고, 다른 컨트랙트나 인터페이스를 상속받을 수 없습니다. 또한, 자체 생성자, 변수, 구조체 및 나열형을 정의할 수 없습니다. 인터페이스는 아래 예제와 같이 'contract' 키워드 대신에 'interface' 키워드를 사용하여 선언할 수 있습니다.

[예제 59]

```
1  pragma solidity ^0.4.11;
2
3  interface BanknigSystem {
4      function deposit(uint) returns (uint);
5      function withdraw(uint) returns (uint);
6  }
```

## 4.4.9 가시성(Visibility)

객체 지향 언어에서 변수나 함수를 다른 객체에서도 접근할 수 있게 공개할지 말지 설정하는 기능이 솔리디티에도 있습니다. 가시성은 총 4가지인데, 외부 컨트랙트에서 접근을 허용하는 external, public과 허용하지 않는 internal과 private가 있습니다. 정리하면 다음 표와 같습니다.

[표 4] 가시성

| 외부 접근 가능 | External (외부) | 변수는 external 가시성을 가질 수 없습니다. external 함수는 컨트랙트 인터페이스의 일부가 되며 트랜잭션을 통해 외부 컨트랙트에서 이 함수를 접근(호출)할 수 있습니다. external 함수는 거대한 데이터를 받을 때 public 함수보다 gas를 적게 소모합니다. |
|---|---|---|
| | Public (공개) | public 변수는 데이터를 반환하는 public 함수(getter라고도 합니다)가 자동으로 생성됩니다. 모든 public 함수는 외부에서 접근이 가능합니다. 작은 데이터를 다룰 때 external 함수보다 효율적입니다. |
| 외부 접근 불가 | Internal (내부) | 모든 internal 변수 및 함수는 같은 컨트랙트나 상속된(파생된) 자식 컨트랙트에서만 접근이 가능합니다. |
| | Private (비공개) | 모든 private 변수 및 함수는 오직 같은 컨트랙트 내에서만 접근이 가능합니다. |

함수는 external, public(기본값), internal, 또는 private의 가시성을 가지는데요, 4가지 중 하나의 키워드를 입력 매개 변수 뒤에 옵션 부분에 바로 붙여서 함수의 가시성을 설정할 수 있습니다. 설정을 생략하면 기본으로 public으로 설정됩니다. 함수의 구조 4.4.2.1절을 참고하세요. 컨트랙트 내의 함수들이 어느 컨트랙트에서 접근이 가능한지 정리하면 다음 표와 같습니다.

[표 5] 컨트랙트 내의 함수의 가시성

| 함수의 가시성 | 동일 컨트랙트 | 자식 컨트랙트 | 외부 컨트랙트 |
|---|---|---|---|
| External | O | O | O |
| Public (기본값) | O | O | O |
| Internal | O | O | X |
| Private | O | X | X |

비슷하게 상태 변수는 public, internal(기본값), 또는 private의 가시성을 가질 수 있는데, 3가지 중 하나의 키워드를 변수의 자료형 키워드 앞에 붙여서 변수의 가시성을 설정할 수 있습니다. 설정을 생략하면 기본으로 internal로 설정됩니다. public 변수는 컴파일러가 자동으로 그 변수의 데이터를 반환하는 함수 getter를 만들어 줍니다. 변수 이름이 myVariable이면 getter는 myVariable( )이 됩니다. 외부 컨트랙트에서도 이 getter를 이용해 그 변수의 값을 확인할 수 있지만, 대입은 당연히 안 됩니다. 컨트랙트 내의 변수들이 어느 컨트랙트에서 접근이 가능한지 정리하면 다음 표와 같습니다.

[표 6] 컨트랙트 내의 변수의 가시성

| 함수의 가시성 | 동일 컨트랙트 | 자식 컨트랙트 | 외부 컨트랙트 |
|---|---|---|---|
| Public | O | O | O (대입은 불가) |
| Internal (기본값) | O | O | X |
| Private | O | X | X |

## 4.4.10 이벤트(Event)

컨트랙트에서 함수가 실행되는 중간에 이벤트를 발생시켜서, 어떤 변수
가 현재 어떤 값인지 로그를 남겨, 외부 DApp(Decentralized Application)이 API
를 이용해서 이 로그를 추적할 수 있습니다. 따라서 어떤 값이 바뀔 때마다
이를 감지해서, DApp이 callback 함수를 실행시켜서 실시간으로 정보를 업
데이트하거나 대응할 수 있습니다. 이벤트는 다음과 같이 선언할 수 있습
니다.

[예제 60]

```
1   pragma solidity ^0.4.11;
2
3   contract Example4 {
4       event myEvent(
5           address indexed _from,
6           address indexed _to,
7           uint _amout
8       );
9
10      function pay(address _to) payable {
11          myEvent(msg.sender, _to, msg.value);
12      }
13  }
```

위의 예시의 함수 pay가 실행될 때마다 이벤트 myEvent가 호출되고 _from, _to, _amount가 노출됩니다. 이를 지켜보고 있던 DApp은 pay()가 실행됨을 알고 대응할 수 있습니다. 예를 들어 pay()가 실행되자마자 누가 누구에게 얼마를 보냈는지 실시간으로 표시하는 게시판을 만들 수 있겠죠.

위의 이벤트에서 _from과 _to에 'indexed' 키워드를 붙였는데, 바로 전에 제시된 단순히 실시간으로 거래를 표시하는 게시판은 이 키워드가 없어도 구현이 됩니다. 'indexed' 키워드를 붙인 인자들은 필터링 검색을 가능하게 해줍니다. 위의 예시에서 _from과 _to가 indexed 되었으므로 예를 들어서, "0xABCD가 보내는 거래들만 보고 싶어" 또는 "0xEFGH로 보내지는 거래들만 보고 싶어"가 가능하지요. 하지만 _amount는 indexed 되지 않았으므로 예를 들어 "2000 wei가 전송된 거래들을 보고 싶어"는 불가능합니다.

다시 말하면, 이벤트가 발생하면 단순히 어떤 값을 가지는지만 알고 싶다면 indexed를 붙이지 않아도 되지만, 필터링 검색을 하려면 indexed 키워드를 붙여주어야 합니다.

## 4.4.11 전처리문(pragma)과 다른 컨트랙트 파일 참조(import)

문법 기초 마지막 절입니다. 사실 지금껏 예제를 접하면서 별다른 생각 없이 첫 줄에는 항상 "pragma solidity ^0.4.11;"이라는 구문을 넣었는데, 이번 절에서는 이 pragma과 import에 대해 짚고 넘어가도록 하겠습니다.

pragma는 일종의 전처리문으로서 작성된 스마트 컨트랙트를 컴파일할 컴파일러 버전을 명시하는 것입니다. 우리는 지금까지 예제에서 주로

0.4.11 버전을 사용했는데, Remix는 0.1.1 버전부터 지원하지만 pragma를 사용하기 위해서는 0.4.0 이상의 버전을 사용해야 합니다.

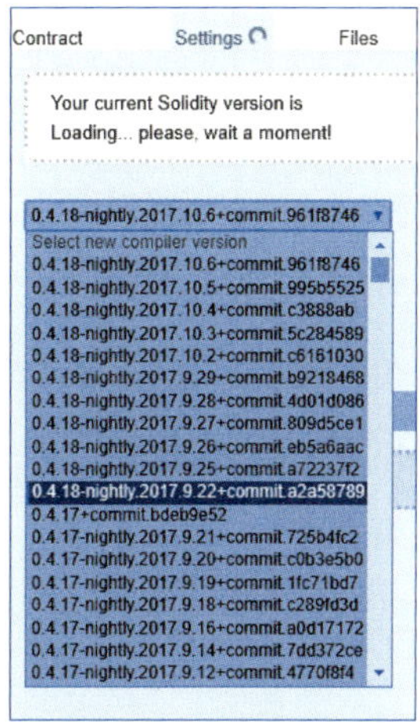

[그림 35] 컴파일러 버전 선택

Remix에서 우측의 Settings 탭에 컴파일러 버전을 선택하는 콤보박스가 제공됩니다. 대게 높은 버전은 낮은 버전을 포함하고 있으므로 높은 버전을 선택하면 오류가 발생하지 않지만, 낮은 버전을 선택할 경우 오류가 발생합니다.

```
Error: Source file requires different compiler version (current
compiler 0.4. … - note that nightly builds are considered to be
strictly less than the released version
progma solidity ^0.4.11;
^----------------^
```

[그림 36] 낮은 버전의 컴파일러를 선택했을 때 출력되는 오류 메시지

예를 들어 이번 장에서 다룬 예제는 모두 0.4.11로 컴파일하도록 명시하였는데, 콤보박스에서 더 낮은 버전을 선택하면 위와 같이 컴파일 오류가 발생합니다.

C 언어나 자바를 익힌 독자라면 #include 또는 import를 사용한 경험이 있을 것입니다. C 언어의 #include나 자바의 import가 필요한 함수 또는 기능을 사용하기 위해 함수가 선언되거나 구현된 헤더 파일 또는 소스 파일을 참조하는 기능을 하듯이, 솔리디티도 import를 사용해 다른 솔리디티 파일을 참조할 수 있습니다. import는 간단하게 pragma 밑에 "import 〈파일주소〉"를 적어 주면 됩니다.

```
import "참조할 파일 주소.sol";
```

[그림 37] import문의 사용 방법

# 이더리움 단위와 특수 변수 및 함수

솔리디티 언어는 각종 단위를 위한 키워드를 제공하며, 블록체인 상의 각종 정보에 접근하기 위한 특수 변수 및 함수를 제공합니다. 이번 절에서는 먼저 이더 단위 및 시간 단위에 대해 다루고, 이어서 특수 변수 및 함수에 대해 다루겠습니다.

## 4.5.1 단위

앞서 언급한 대로 솔리디티 언어는 개발 편의를 위해 이더 통화 단위 및 시간 단위 키워드를 제공합니다. 이 키워드들은 정수 혹은 자연수를 그 단위 크기만큼 곱해 주는 역할을 합니다.

### 4.5.1.1 이더 통화 단위(Ether Units)

정수 혹은 자연수 데이터의 뒤에 이더 통화 단위인 wei, finney, szabo, ether 키워드를 붙일 수 있습니다. 키워드가 없으면 기본 단위인 wei로 취급됩니다. 키워드를 붙이면 자연수는 그 단위의 크기만큼 곱해집니다. 예를 들어 ether 키워드는 $10^{18}$를 곱하는 것과 같습니다.

[예제 61]

```solidity
1   uint8 a = 100 wei;         // a is 100.
2   uint8 b = 100;             // a == b is true.
3
4   uint c = 0.003 ether;      // c is 3 * (10**15).
5   uint d = 3 finney;         // c == d is true.
6   uint e = 3000 szabo;       // d == e is also true.
```

이더와 하위 단위들의 관계는 다음과 같습니다.


① 1 = 1 wei

② 1 ether = $10^{18}$ wei

③ 1 ether = 1000 finney

④ 1 finney = 1000 szabo


## 4.5.1.2 시간 단위(Time Units)

마찬가지로 정수 혹은 자연수 데이터 뒤에 시간 단위인 seconds, minutes, hours, days, weeks, years 단위를 붙일 수 있습니다. 키워드가 없으면 기본 단위인 seconds로 취급됩니다. 이더 통화 단위와 마찬가지로 키워드를 붙이면 자연수는 그 단위의 크기만큼 곱해집니다. 예를 들어 minutes 키워드는 60을 곱하는 것과 같습니다. 시간 단위들의 관계는 다음과 같습니다.

① 1 = 1 seconds

② 1 minutes = 60 seconds

③ 1 hours = 60 minutes

④ 1 days = 24 hours

⑤ 1 weeks = 7 days

⑥ 1 years = 365 days

시간 단위는 단순히 곱셈의 연산으로 변환되는 것이므로, 윤년의 개념이 있는 실제 시간과 다르다는 점에 유의해야 합니다.


### 4.5.1.3 단위와 변수

이더 통화 단위와 시간 단위는 정수 혹은 자연수 데이터에만 사용이 가능합니다. 변수에는 직접 사용할 수 없으며, 아래 예제와 같이 곱셈을 사용하는 경우에만 사용이 가능합니다. 또한, 단위를 사용할수록 실제 데이터가 커지므로 그에 맞는 크기의 자료형을 사용해야 합니다.

[예제 62]

```
1   uint a = 12;

2   uint c = a * 1 ether;

3   uint d = a * 1 hours;

4   uint32 e = 2 ether;          // error! uint32 is too small for 2 * (10**18).
```

다른 부분은 별다른 문제가 없으나 4행은 오류가 발생하는 구문입니다. 그 이유는 앞서 설명한 것과 같이 2 ether는 $2 \times 10^{18}$과 같은데, uint32형이 지원하는 범위를 넘기 때문입니다.


## 4.5.2 특수 변수 및 함수

솔리디티 언어는 이미 선언되어 있는 특수 변수 및 함수를 사용해 블록체인 상의 정보에 접근할 수 있습니다.


### 4.5.2.1 블록과 거래 속성들

다음은 블록과 거래(transaction)의 속성을 가져올 수 있는 변수 및 함수입니다. 자주 쓰이는 것은 msg.sender, msg.value, now가 있습니다. 각각 프로그램을 실행시킨 사용자의 주소, 사용자가 보낸 송금액, 실행시킨 시간을 반환합니다. 먼저 블록의 속성은 다음과 같습니다.

① block.blockhash(uint blockNumber) returns (byte32)

입력한 blockNumber 번째의 블록의 해시 값을 반환합니다. 다만 현재 블록을 포함한 최근 256개의 블록에서만 동작합니다.

② block.coinbase(address)

현재 블록의 채굴자의 주소를 반환합니다.

③ block.difficulty(uint)

현재 블록의 채굴 난이도를 반환합니다.

④ block.gaslimit(uint)

현재 블록의 gas의 한계(gaslimit)를 반환합니다.

⑤ block.number(uint)

현재 블록이 몇 번째 블록인지에 대한 순번을 반환합니다.

⑥ block.timestamp(uint)

현재 블록의 타임스탬프(채굴된 시기)를 반환합니다. 반환되는 타임스탬프는 유닉스 타임스탬프를 따릅니다. 이 변수는 프로그램 코드가 언제 실행되었는지 기록하여 다음의 코드 실행까지 시간 제한을 두고 싶을 때 많이 사용됩니다.

다음으로 거래의 속성을 살펴보겠습니다.

① msg.data(bytes)

메시지에 있는 데이터 전체를 반환합니다.

② msg.gas(uint)

메시지의 남은 gas를 반환합니다.

③ msg.sender(address)

메시지를 보낸 송신자의 주소를 반환합니다. 즉 현재 스마트 컨트랙트를 실행시킨 사용자의 주소를 반환합니다.

④ msg.sig(bytes4)

메시지에 있는 처음 4바이트의 데이터를 반환합니다. 이 4바이트는 함수의 식별자입니다.

⑤ msg.value(uint)

메시지의 송금액을 wei 단위로 반환합니다. 이 변수는 현재 스마트 컨트랙트 스스로의 잔고에 송금되는 이더의 양에 따라 함수의 행동을 다르게 하기 위해 쓰이거나, 은행 시스템(예금과 출금)을 가진 스마트 컨트랙트에서 쓰입니다.

⑥ now(uint)

block.timestamp( )와 같습니다.

⑦ tx.gasprice(uint)

거래의 gas 가격을 반환합니다.

⑧ tx.origin(address)

거래를 보낸 송신자의 주소를 반환합니다.

## [연습문제 16]

1. payable 함수를 하나 만들어서 msg.sender와 msg.value를 이용해 [주소형, 정수형] 쌍의 맵핑에 저장해 봅시다. 즉 이 컨트랙트에 들어오는 이더의 장부를 만들어 봅시다.

2. 1번 문항에서 만든 payable 함수에 조건문을 추가해서 보내는 이더가 1,000,000 wei 이상일 때만 장부에 기록하고, 그보다 적게 보내면 기록하지 않고 환불하게 해봅시다.

   ※ transfer를 이용하세요.

## 4.5.2.2 수학 및 암호 함수

다음은 특수한 수학 및 암호 함수입니다.

① addmod(uint x, uint y, uint k)

x와 y를 합산한 후 k로 나머지 연산을 수행합니다. 즉 (x + y) % k와 같습니다.

② mulmod(uint x, uint y, uint k)

x와 y를 곱한 후 k로 나머지 연산을 수행합니다. (k × y) % k와 같습니다.

③ keccak256(⋯) returns (byte32)

입력값을 keccak256(SHA3) 해시로 암호화합니다.

④ sha3(⋯) returns (byte32)

keccak256( )과 같습니다.

⑤ sha256(⋯) returns (byte32)

입력값을 SHA256 해쉬로 암호화합니다.

⑥ ripemd160(⋯) returns (bytes20)

입력값을 RIPEMD160 해시로 암호화합니다.

⑦ ecrecover(byte32 hash, uint8 v, byte32 r, byte32 s) returns (address)

타원곡선 전자 서명의 공개 키와 관련된 주소를 복구합니다. 오류
발생 시 0을 반환합니다.

암호화 함수인 keccak256( ), sha256( ), ripemd160( )은 함수의 입력 매
개 변수를 하나로 묶어서 처리합니다. 다음 예제에서 모든 변수의 값은 모
두 같습니다.

[예제 63]

```
1   bytes32 a = keccak256("a", "b", "c");
2   bytes32 b = keccak256("abc");
3   bytes32 c = keccak256(97, 98, 99);
4   bytes32 d = keccak256(0x616263);
5   bytes32 e = keccak256(6382179);
6   // 0x4E03657AEA45A94FC7D47BA826C8D667C0D1E6E33A64A036EC44F58FA12D6C
```

함수의 입력 매개 변수가 같은 값이라도 자료형이 다르면 반환 값이 다를
수 있습니다. 입력 매개 변수를 변수 없이 상수로 곧바로 넘기면 가장 작은
자료형에 저장되어 전달되는 점에 유의해야 합니다.

[예제 64]

```
1   bytes32 a = keccak256(0x7B);
2   bytes32 b = keccak256(0x007B);
3   bytes32 c = keccak256(uint8(0x7B));
```

```
4    bytes32 d = keccak256("\x7B");

5      // 0xA91EDDF639B0B768929589C1A9FD21DCB0107199BDD82E55C5348018A1572F52

6

7    bytes32 x = keccak256(uint16(0x7B));

8    bytes32 y = keccak256("\x00\x7B");

9      // 0x08D236BDFFB6B9D566FF63C8E933CAB11B939DD248B1C9FF572060F7B741524B
```

암호화 함수 sha256( ), ripemd160, ecrecover( )를 사설 블록체인 네트워크에서 사용하면 오류가 발생할 수 있습니다. 이 함수들은 프리컴파일(precompiled) 컨트랙트로 구현되는데, 이러한 스마트 컨트랙트는 첫 메시지를 전달받기 전까지 실제로 존재하지 않습니다. 존재하지 않는 스마트 컨트랙트에 메시지를 보내는 것은 상당히 많은 gas를 소모하기 때문에 gas 부족(out of gas) 오류를 발생시킬 수 있습니다.

## 4.5.2.3 대비책 함수(Fallback Function)

컨트랙트는 딱 하나의 이름 없는 함수를 가질 수 있는데, 이 함수가 fallback 함수입니다. 외부에서 어떤 함수를 실행시키는 과정에서, 함수를 못 찾는 오류가 발생하면 fallback 함수가 대신 실행됩니다. 또한, 컨트랙트가 payable 함수를 거치지 않고 순수하게 Ether를 전송받는 경우도 fallback 함수가 실행됩니다. 이때 컨트랙트의 fallback 함수가 없으면, 오류가 발생하고 Ether는 반송되므로 컨트랙트가 함수를 거치지 않고 Ether를 받고 싶으면 반드시 fallback 함수를 구현해야 합니다.

## 4.5.2.4 오류 처리(Error Handling)

필요에 따라 특수 함수를 사용하여 강제로 예외(exception)를 발생시켜 프로그램을 종료할 수 있습니다. 이러한 코드를 오류 처리라 하며 솔리디티 언어에서는 다음과 같은 함수를 제공하고 있습니다.

① assert(bool condition)

condition이 false면 프로그램 코드의 실행을 포기합니다. 내부적인 오류에 사용됩니다.

② require(bool condition)

condition이 false면 프로그램 코드의 실행을 포기합니다. 외부적인 오류에 사용됩니다.

③ revert( )

프로그램 코드의 실행을 포기하고, 상대 변화를 되돌립니다.

revert( )는 예외를 발생시켜 프로그램 코드를 종료하지만, 미사용 gas를 환급합니다.

## [연습문제 17]

1. now 키워드를 이용해 처음 컨트랙트가 생성된 시간을 기록해 봅시다. 그
   리고 hours 키워드를 이용해 생성되고 12시간 뒤에 실행시킬 수 있는 함
   수를 만들어 봅시다. 그전에 실행하면 require 키워드를 이용해 종료시켜
   봅시다.

2. msg.sender를 이용해 처음 컨트랙트를 만든 사람을 기록해 봅시다. 그리
   고 require 키워드를 이용해 컨트랙트를 만든 사람이 아닌 사람이 함수를
   실행시키면 종료시켜 봅시다. 즉 관리자용 함수를 만들어 봅시다.

# 4.6 솔리디티 프로그래밍을 마치며

이것으로 4장 솔리디티 프로그래밍을 마칩니다. 우리는 이 장을 통해 스마트 컨트랙트를 접하고 스마트 컨트랙을 개발하는 솔리디티 언어의 문법에 대해 익혔습니다. 다음 장에서 다루는 다양한 예제는 여러분이 솔리디티 언어와 보다 친해지도록 도와줄 것입니다.

솔리디티 언어는 다른 언어에 비해 완벽하지 못하고, 아직도 진화하고 있습니다. 그러므로 동일한 기능을 구현할 때 다른 완성된 언어에 비해 비효율적인 구문을 피할 수 없는 경우를 겪는 것도 사실입니다.

다른 프로그래밍 언어를 접하지 않았다는 전제하에 초심자를 위한다는 마음으로 작성을 하였습니다만 다소 부족한 면이 느껴져 내심 죄송한 마음이 듭니다. 특히 일부 문법을 설명할 때, 어쩔 수 없이 기존의 프로그래밍 언어인 C나 자바, 또는 C#을 예로 들 수밖에 없는 부분을 볼 때 더욱 그런 느낌이 듭니다. 그러나 한편으로는 아직 국내에서는 처음으로 솔리디티 언어에 대해 자세하게 다루었다는 점에서 내심 만족스럽기도 합니다.


앞으로 여러분이 스마트 컨트랙트를 개발하는 과정에서 수많은 난제에 부딪힐 것입니다. 문법을 잊더라도 당황하지 말고 차분한 마음으로 다시 찾아보길 권합니다. 만약 여기서 다루지 않은 문법이나 더욱 궁금한 사항은 아래 첨부된 웹사이트를 통해 정보를 얻을 수 있습니다.

공부하시느라 고생하셨습니다!


※ Solidity Documentation: https://solidity.readthedocs.io/en/develop/

# CHAPTER 5

# 다양한 예제들

이더리움 프로젝트는 블록체인을 하나의 프로그래밍 언어로 보고 다양한 응용 프로그램을 개발하도록 하자는 아이디어에서 출발했습니다.[1]

이제 우리는 4장에서 익힌 솔리디티 언어를 활용하여 다양한 스마트 컨트랙트를 만들 것입니다. 그리고 자바스크립트 Web3 API를 이용해 이더리움 기반의 스마트 컨트랙트와 연동되는 DApp을 개발해 봅시다.

---

1) 이더리움 창업자가 말하는 비트코인 2.0, 지디넷 코리아
http://www.zdnet.co.kr/news/news_view.asp?artice_id=20141212160027

# 5.1 소개

4장을 마치고 5장에 온 여러분은 이제 스마트 컨트랙트를 작성할 수 있게 되셨을 겁니다. 이번 장에서는 스마트 계약을 활용하여 분산형 응용 프로그램인 DApp(Decentralized Application)을 만들겠습니다. 이 책에서 다룰 DApp 프로젝트들은 HTML, CSS, 그리고 자바스크립트 프론트엔드에 EVM(Ethereum Virtual Machine)을 백엔드로 web3.js을 통해 연결된 형태입니다. 또한, 명령 프롬프트에서 Geth를 통해 EVM을 실행시키므로 아래 [그림 1] 과 같이 시각화시킬 수 있습니다.

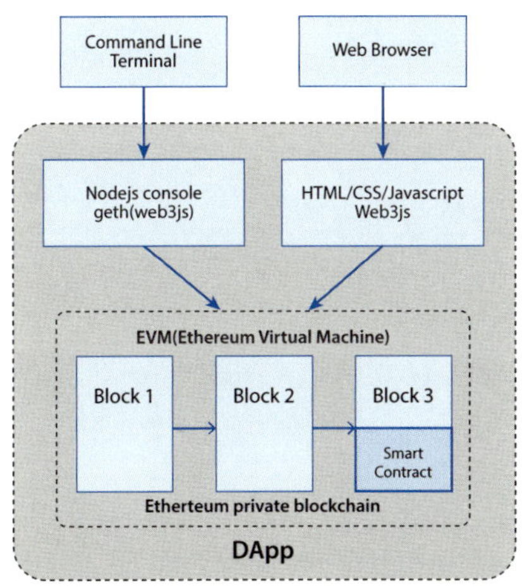


[그림 1] DApp과 EVM[2]

2) Full Stack Hello World Voting Ethereum Dapp Tutorial—Part 1, Mahesh Murthy
https://medium.com/@mvmurthy/full-stack-hello-world-voting-ethereum-dapp-tutorial-part-1-40d2d0d807c2

이전 장에서 예제를 보고 직접 만들며 익혔듯이 이번 장에서도 그대로 따라서 코드를 작성하면 됩니다. 다음 표는 이번 장에서 다룰 예제입니다.

[표 1] 예제 리스트

| 예제 | 설명 |
| --- | --- |
| 미니 월렛 | 이더의 잔고를 확인하고 이더를 송금합니다. |
| 투표 | 후보를 등록하고 후보에게 투표를 진행합니다. |
| 슬롯머신 | 이더로 즐기는 슬롯머신입니다. |
| ICO(Initial Coin Offering) | 코인을 판매하는 프로그램입니다. |

# 미니 월렛(mini wallet) 만들기

스마트 컨트랙트를 사용하는 DApp(distributed app)을 개발하기 전에 스마트 컨트랙트를 사용하지 않은 미니 이더리움 월렛을 작성해 봅시다. 이더리움의 잔액 확인 및 이더를 송금하는 Mist(혹은 이더리움 월렛)의 기능을 html 페이지에서 작동되게 만들어 보는 게 이번 예제의 목적입니다.

## 5.2.1 HTML 파일 만들기

3장에서 Geth로 구축한 사설 네트워크가 정상적으로 작동하는 것을 확인하였다면 이제는 블록체인 네트워크에서 받아온 정보를 보여주는 HTML 파일을 C:\dapps 폴더에 만들겠습니다. HTML파일에서 web3.js 라이브러리를 사용하려면 다운로드받아야 합니다. 아래의 주소에서 설치 패키지를 다운받고 설치합니다.

https://nodejs.org/ko/download/

다운로드받은 후 명령 프롬프트를 열고 다음과 같은 명령어를 입력합니다.

① Windows

　〉 npm install web3

② Linux

　$ sudo apt-get install npm

　$ npm install web3

명령 프롬프트나 터미널에서 명령어를 실행한 위치에 node_module 폴더가 생성된 것을 확인할 수 있습니다. node_module 폴더를 확인하면 bignumber.js 파일과 web3 등의 폴더가 생성된 것을 볼 수 있습니다.

HTML 파일 위치에 lib 폴더를 만들고 기존에 다운받았던 [node_modules] → [bignumber.js] 폴더의 bignumber.min.js와 [node_modules] → [web3] → [dist] 폴더의 web3-light.min.js를 C:\dapp\lib에 저장합니다. 저장이 완료됐으면 C:\dapp에 wallet.html을 작성해 보겠습니다.



```
1   <!Doctype html>
2   <html>
3   <head>
4   <meta charset="UTF-8">
5   <script type="text/javascript" src="./lib/bignumber.min.js"></script>
6   <script type="text/javascript" src="./lib/web3-light.js"></script>
7   <script type="text/javascript">
```

```javascript
var Web3 = require('web3');
var web3 = new Web3();
web3.setProvider(
new web3.providers.HttpProvider("http://163.152.161.111:8545"));

// 잔고를 출력합니다.
function refreshBalance() {
    // tablePlace를 초기화하고 계좌수 만큼 테이블의 행을 생성합니다.
    document.getElementById("tablePlace").innerText = " ";
    var idiv = document.createElement('div');
    document.getElementById("tablePlace").appendChild(idiv);

    var list = web3.eth.accounts;
    var total = 0;
    var input = "<table>";

    for(var i = 0; i < list.length; i++) {
        var tempB = parseFloat(web3.fromWei(web3.eth.getBalance
                (list[i]), "ether"));
        input += "<tr><td>" + list[i] + "</td><td>" + tempB
                + " ETHER</td></tr>";
        total += tempB;
    }

    input += "<tr><td><strong> TOTAL </strong></td><td><strong>"
            + total +" ETHER</strong></td></tr></table>";
    idiv.innerHTML = input;
    web3.eth.filter('latest').watch(function() { refreshBalance(); });
}
```

```javascript
// 사용자의 계좌들을 select로 만듭니다.
function makeSelect() {
    var list = web3.eth.accounts;
    var select =  document.getElementById('accounts');

    for(var i = 0; i < list.length; i++) {
        var opt = document.createElement('option');
        opt.value = list[i];
        opt.innerHTML = list[i];
        select.appendChild(opt);
    }
}

function send() {
    var address = document.getElementById('accounts').value;
    var toAddress = document.getElementById('toaddr').value;
    var amount = web3.toWei(document.getElementById('amount').value,
                "ether");

    if(web3.personal.unlockAccount(address, document.getElementById
        ('pass').value)) {
        web3.eth.sendTransaction({from: address, to:toAddress,
        value:amount}, function(err, result) {
            if(!err)
                console.log('Transaction is sent Successful!('+result+')');
            else
                console.log(err);
        });}
```

```
59          }
60
61    </script>
62    <style>
63
64    table { border-collapse: collapse; border: 4px solid #bbb; width: 100%; }
65    tr:nth-child(even) { background-color: #ccc }
66    td, h1 { padding: 8px; text-align: left; }
67    input, select {
68        padding: 6px 10px;
69        margin: 4px 0;
70        display: inline-block;
71        border: 1px solid #ccc;
72        border-radius: 3px;
73        box-sizing: border-box;
74    }
75    button:hover { background-color: gold; }
76
77    </style>
78    </head>
79
80    <body>
81        <h1>ETHER Wallet</h1>
82            <div id="tablePlace"></div>
83            <h4>송신처  <select id="accounts"></select></h4>
84            <h4>수신처  <input type="text" id="toaddr" size="40" value=""></h4>
85            <h4>금액  <input id="amount" type="number"/>ETHER</h4>
86            <h4>password <input id="pass" type="password"/>
```

```
87          <button onClick="send()">Send</button></h4>
88      <script>
89          refreshBalance();
90          makeSelect();
91      </script>
92  </body>
93  </html>
```

이더리움 계정을 HTML 페이지에서 확인하는 예제로 채굴에 따라 증가하는 잔액을 확인할 수 있습니다. 5행과 6행에서 각각 bignumber와 web3 라이브러리를 불러와서 이더리움 블록체인의 정보를 읽을 준비를 합니다. 8행부터 10행은 이더리움 블록체인과 연결하여 web3를 사용하는 부분으로 이해가 되지 않으면 이해하지 않고 넘어가도 무방합니다. 8행의 require은 node.js에서 사용되는 키워드로 web3 모듈을 불러옵니다. 9행에서 web3를 초기화하고 10행에서 web3와 실행한 사설 이더리움 네트워크를 연결합니다.

```
web3.setProvider(new web3.providers.HttpProvider("http://163.152.161.111:8545"));
```

HttpProvider()에 들어간 "http://163.152.161.111:8545"는 이더리움 사설 네트워크를 실행시킨 주소로 같은 컴퓨터에서 실행한다면 자신의 ip 주소 대신에 127.0.0.1 또는 localhost를 사용해도 무방합니다. 8545는 포트번호(rpcport 옵션, 지정하지 않으면 8545)입니다. 자신의 ip 주소는 커맨드라인에서 "ipconfig"를 입력하거나 네이버에서 "ip 주소"를 검색하면 확인할 수 있습니다.

13행부터 32행은 잔고를 화면에 출력하는 refreshBalance()입니다. 19행의 web3.eth.accounts는 계좌의 목록을 불러오는 코드입니다. 3장에서 다룬 eth.accounts와 동일한 기능을 수행합니다.

```
> wen3.eth.accounts
["0x68eblfc081c9do08ca733608318056e45c0bcdce", "0x6dbb1b 8904a805
b375c12f9e27a1c18ba68b1g2b",  "0x3ea81e2be2bc262347e8088cb5d078c57
5f33615", 0xc93f8z3500f561f431a73a79805126ce138716a6"]
```

23행에 사용된 Web3 함수를 살펴봅니다. 이것들 역시 3장에서 이미 다룬 내용입니다. 먼저 web3.eth.getBalance(list[i])는 괄호 안에 있는 계좌가 보유한 잔고를 wei 단위로 반환합니다. Geth로 확인하겠습니다.

```
> web3.eth.getBalance("0x68eblFC081c9do08cA733608318056e45C0BCdcE")
8.3028e+21
```

web3.fromWei( )는 wei 단위의 값을 다른 단위로 변환하여 반환합니다. 코드에서 "ether"를 입력 매개 변수로 넘겼으므로 ether 단위로 반환합니다. "ether" 이외에도 "szabo", "finney"를 사용할 수 있습니다.

마지막으로 parseFloat( )을 사용하여 실수로 변경해야 덧셈 및 곱셈과 같은 연산을 수행할 수 있게 됩니다.

31행은 web3.eth.filter( )에 latest 옵션을 넣고 watch( )로 새로운 블록이 생성될 때마다 function( )의 중괄호 안의 내용을 실행하도록 합니다. 지원하는 옵션은 latest와 pending이 있으며, latest는 생성되는 블록을 지켜보고, pending은 보류 중인(다음번에 생성될) 블록을 지켜봅니다.

47행의 send()는 이더를 송금하는 함수입니다. 이더를 송금하기 위해서는 송신자의 주소, 수신자의 주소, 금액 정보가 필요합니다. 그리고 송신자의 비밀번호가 필요합니다. 52행에서 web32.personal.unlockAccount ()를 사용하여 보내는 사람의 주소와 비밀번호를 통해 잠금을 일시적으로 해제하여 송금할 수 있도록 합니다. 53행에서 web.eth.sendTransation (transactionObject [, callback function])은 이더를 송금하는 함수입니다. 자세한 세부사항은 다음과 같습니다.

[예제 1] wallet.html

```
            ... <코드 생략> ...
53          web3.eth.sendTransaction({from: address, to:toAddress,
            value:amount}, function(err, result) {
54              if(!err)
55                  console.log('Transaction is sent Successful!('+result+')');
56              else
57                  console.log(err);
58          });}
59      }
            ... <코드 생략> ...
```

① from : 보내는 계좌입니다.

② to : 받는 계좌입니다.

③ value : 보내는 양으로 단위는 wei를 사용합니다.

④ gas : 트랜잭션을 전송할 때 사용하는 수수료인 gas의 한도를 제한

하거나 높일 수 있습니다. 이더를 송금하는 경우에는 gas가 많이 필요하지 않으므로 생략할 수 있습니다.

function(err, result)은 콜백 함수(callback function)로 전송된 트랜잭션의 결과에 따라 err와 result를 리턴해줍니다. 트랜잭션을 전송했을 때, 오류가 발생하면 err에 true를 반환합니다. 성공적으로 트랜잭션이 전송됐다면, err에 false를 반환하고, result에 트랜잭션의 주솟값을 반환합니다.

작성을 마치면 다음과 같은 화면을 볼 수 있습니다.



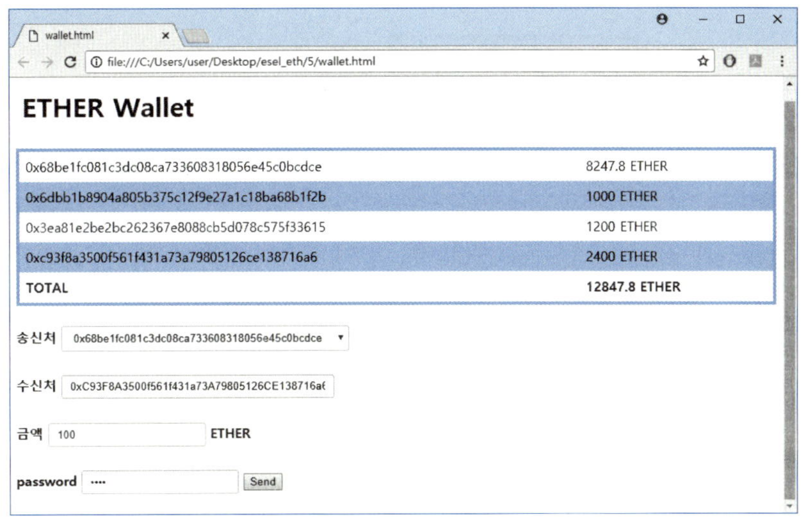


작성한 웹페이지에서 송금을 하고 채굴이 이루어지면 이더가 송금되는 것을 확인할 수 있습니다.

## HTML 기반의 DApp이 실행이 잘 되지 않는 원인을 모르겠습니다!

다음과 같이 크롬 브라우저의 개발자도구(Ctrl + Shift + I 또는 F12)의 Console에서 오류를 확인할 수 있습니다.

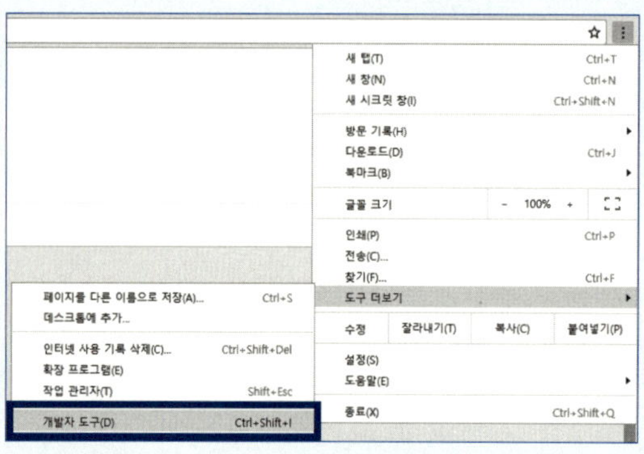

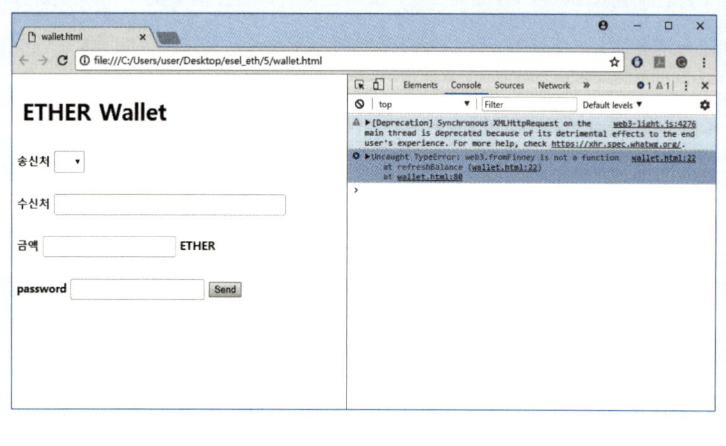

## [연습문제 1]

1. [예제 1]은 이더(ether)를 단위로 하는 지갑입니다. finney를 단위로 하는 지갑으로 [예제 1]을 수정해 봅시다.

2. web3.eth.hashrate을 사용하여 새로운 블록이 채굴될 때마다 자신의 hashrate가 얼마인지 알 수 있게 [예제 1]을 수정해 봅시다.

# 블록체인을 이용한 투표

전자투표는 블록체인 기술이 활용되고 있는 분야 중 하나입니다. 온라인으로 간편하게 투표를 할 수 있으면서 위·변조 등 조작의 위협이 매우 적습니다. 이로 인하여 과거 투표 시스템에 비하여 비용과 시간 등을 압도적으로 줄일 수 있습니다. 특히 한국과 같은 IT 강국에서는 투표율을 높이는 데 도움이 될 것입니다. 아래의 [표 2]는 실제로 블록체인 기술을 활용한 투표를 공적인 업무에 사용한 국가들의 적용 분야와 규모 및 주요 효과를 나타낸 표입니다.

[표 2] 주요 7개국의 블록체인 활용 전자투표 활용 사례별 분야 및 규모[3]

| 국가 | 적용 분야 | 적용 규모 | 주요 효과 |
| --- | --- | --- | --- |
| 스페인 | 당내 의사결정 | 중·소규모 | 시민 참여 증가 |
| 에스토니아 | 의회선거 | 국가적 규모 | 투표율 증가 |
| 호주 | 정책 이슈에 대한 의사 결정 | 중·소규모 | 시인 참여 증가 |
| 덴마크 | 당 내부 투표 | 중·소규모 | – |
| 미국 | 당 내 대선후보 선정 | 중·소규모 | 투표절차 간소화 |
| 우크라이나 | 청원 및 자문 투표 | 중·소규모 | – |
| 한국 | 주민제안 공모사업 심사 | 중·소규모 | 시민 참여 증가 |

3) 미래창조과학부의 정보통신 방송 연구지원 사업의 연구결과, 한국정보화진흥원(NIA) Special Report 2017-5

[표 2]를 보면 당 내부의 투표를 통하여 의사 결정을 하는 사례가 보고되고 있습니다. 이런 사례가 발전한다면 블록체인이 중요한 안건의 결정을 도울 수 있을 것입니다. 블록체인의 발전이 민주주의의 발전을 이끌 수 있을 것이라 기대합니다.


## 5.3.1 컨트랙트 만들기

투표 시스템을 스마트 컨트랙트로 작성합니다.


[예제 2]

```solidity
 1   pragma solidity ^0.4.11;
 2
 3   contract voteContract {
 4
 5       mapping (address => bool) voters;        // 하나의 계정 당 한 번의 투표만 가능
 6       mapping (string => uint) candidates;     // 후보자의 득표수를 저장합니다.
 7       mapping (uint8 => string) candidateList; // 후보자의 리스트입니다.
 8
 9       uint8 numberOfCandidates;                // 총 후보자의 수입니다.
10       address contractOwner;
11
12       function voteContract() {
13           // 컨트랙트를 생성한 사람을 contractOwner로 저장합니다.
14           contractOwner = msg.sender;
```

```solidity
15        }
16
17    // 후보자를 추가하는 함수입니다.
18    function addCandidate(string cand) {
19        bool add = true;
20        for (uint8 i = 0; i < numberOfCandidates; i++) {
21
22            // 문자열 비교는 해쉬함수(sha3)를 통해서 할 수 있습니다.
23            // 솔리더티에는 문자열 비교에 대한 특별한 함수가 없습니다.
24            if(sha3(candidateList[i]) == sha3(cand)){
25                add = false; break;
26            }
27        }
28        if(add) {
29            candidateList[numberOfCandidates] = cand;
30            numberOfCandidates++;
31        }
32    }
33    // 투표를 하는 함수입니다.
34    function vote(string cand) {
35        // 하나의 계정은 한번의 투표만 결과에 반영됩니다.
36        if(voters[msg.sender]) { }
37        else{
38            voters[msg.sender] = true;
39            candidates[cand]++;
40        }
```

```solidity
41      }

42      // 이미 투표했는지 확인합니다.

43      function alreadyVoted() constant returns(bool) {

44          if(voters[msg.sender])

45              return true;

46          else

47              return false;

48      }

49      //후보자의 수를 리턴합니다.

50      function getNumOfCandidates() constant returns(uint8) {

51          return numberOfCandidates;

52      }

53      //번호에 해당하는 후보의 이름을 리턴합니다.

54      function getCandidateString(uint8 number) constant returns(string) {

55          return candidateList[number];

56      }

57      //후보의 득표수를 리턴합니다.

58      function getScore(string cand) constant returns(uint) {

59          return candidates[cand];

60      }

61      //컨트랙트를 삭제합니다.

62      function killContract() {

63          if(contractOwner == msg.sender)

64              selfdestruct(contractOwner);

65      }

66  }
```

18행의 addCandidate( )는 후보를 추가하는 함수입니다. 이 함수를 실행하는 방법은 두 가지가 있습니다.

첫 번째 방법으로 다음 그림과 같이 Mist 브라우저에서 실행할 수 있습니다.

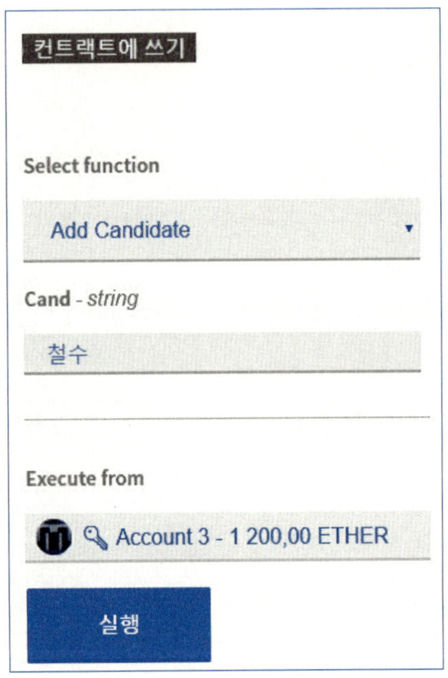


[그림 2] Mist에서 addCandidate( )를 실행하는 방법

두 번째 방법은 아래처럼 자바스크립트 코드에서 컨트랙트를 호출하여 사용하는 방법입니다. 다음 절에서 HTML 코드를 작성해 보면 어렵지 않게 이해할 수 있습니다.

# 5.3.2 HTML 파일 만들기

[예제 3]은 블록체인 투표 시스템을 만들기 위한 HTML 파일입니다.

[예제 3] vote.html

```
1   <!Doctype html>

2   <html>

3   <head>

4   <script type="text/javascript" src="./lib/bignumber.min.js"></script>

5   <script type="text/javascript" src="./lib/web3-light.js"></script>

6   <script type="text/javascript">

7

8       var Web3 = require('web3');

9       var web3 = new Web3();

10      web3.setProvider(new web3.providers.HttpProvider("http://163.152.161.111:8545"));

11      var vc = web3.eth.contract([ { "constant": true, "inputs": [ { "name": "cand", "type":
        "string" } ], "name": "getScore", "outputs": [ { "name": "", "type": "uint256", "value":
        "0" } ], "payable": false, "type": "function" }, { "constant": true, "inputs": [],
        "name": "alreadyVoted", "outputs": [ { "name": "", "type": "bool", "value": false } ],
        "payable": false, "type": "function" }, { "constant": false, "inputs": [], "name":
        "killContract", "outputs": [], "payable": false, "type": "function" }, { "constant":
        true, "inputs": [ { "name": "number", "type": "uint8" } ], "name": "getCandidateString",
        "outputs": [ { "name": "", "type": "string", "value": "" } ], "payable": false, "type":
        "function" }, { "constant": false, "inputs": [ { "name": "cand", "type": "string" } ],
        "name": "addCandidate", "outputs": [], "payable": false, "type": "function" }, {
        "constant": true, "inputs": [], "name": "getNumOfCandidates", "outputs": [ { "name": "",
        "type": "uint8", "value": "0" } ], "payable": false, "type": "function" }, { "constant":
        false, "inputs": [ { "name": "cand", "type": "string" } ], "name": "vote", "outputs":
        [], "payable": false, "type": "function" }, { "inputs": [], "payable": false, "type":
        "constructor" } ]).at("0x5223d2713E96b7811585597B531519791E41bc9a");
```

```javascript
12    function showList() {
13        var table=document.getElementById("table1");
14        var length = vc.getNumOfCandidates();
15        for(var i = 0; i < length; i++) {
16            var candidate = vc.getCandidateString(i);
17            var row=table.insertRow();
18            var cell1=row.insertCell(0);
19            var cell2=row.insertCell(1);
20            cell1.innerHTML = candidate;
21            cell2.innerHTML = vc.getScore(candidate);
22        }
23    }
24
25    function vote() {
26        var candidate = document.getElementById("candidate").value;
27        var account = document.getElementById("account").value;
28        web3.eth.defaultAccount = account;
29
30        if(web3.personal.unlockAccount(account,
               document.getElementById('pass').value)) {
31            var alreadyVoted = vc.alreadyVoted();
32            console.log(alreadyVoted);
33
34            if(alreadyVoted)
35                alert("이미 투표하셨습니다.");
36            else
```

```
37              vc.vote(candidate, function(err, result) {
38                  if(!err) alert("트랜잭션이 성공적으로 전송되었습니다.|n"+result)});
39          }
40      }
41
42      function addCand() {
43          var candidate = document.getElementById("candidate").value;
44          var account = document.getElementById("account").value;
45
46          if(web3.personal.unlockAccount(account,
             document.getElementById('pass').value)) {
47              vc.addCandidate(candidate, {from:account, gas:2000000},
             function(err, result) {
48                  if(!err) alert("트랜잭션이 성공적으로 전송되었습니다.|n"+result)});
49          }
50      }
51
52  </script>
53  </head>
54  <body>
55      <h1>블록체인 투표</h1>
56          <div>
57          계정: <input type="text" id="account"
                 value="0x68be1FC081c3dc08cA733608318056e45C0BCdcE">
58          패스워드: <input type = "password" id="pass" value="1234">
59          </div><br>
60          <div><input type="text" id="candidate" value="영희">
```

```
61          <button onClick="vote()">투표하기</button>

62          <button onClick="addCand()">후보 추가하기</button></div>

63          <table id="table1"/>

64          <script>

65             showList();

66          </script>

67      </body>

68  </html>
```

11행은 컨트랙트를 불러오는 코드로 다음과 같은 구조를 갖습니다.

```
web3.eth.contract(컨트랙트의 인터페이스).at(컨트랙트의 주소)
```

[그림 3] 컨트랙트 불러오기

[그림 3]과 같이 컨트랙트를 호출하기 위해서는 주소와 인터페이스가 필요합니다. 주소와 인터페이스는 Mist를 통해 얻을 수 있습니다.

[그림 4] 주소와 인터페이스 얻기

Mist 브라우저의 오른편에서 주소 복사와 인터페이스 보기를 선택할 수 있습니다. 주소와 인터페이스를 복사하여 붙여넣기를 하면 해당 컨트랙트를 자바스크립트에서 사용할 수 있습니다.

다음과 같은 형식으로 불러온 컨트랙트의 함수를 호출할 수 있습니다.

```
vc.vote(args [, transactionObject] [, callback function] );
vc.addCandidate(args [, transactionObject] [, callback function));
```

이 함수들은 트랜잭션을 전송하는 함수들로 sendTransaction( )이 생략되어 있습니다. 즉 아래의 함수들과 같은 역할을 수행합니다.

```
vc.vote.sendTransaction(args [, transactionObject] [, callback function]);
vc.addCandidate.sendTransaction(args [, transactionObject] [, callback function]);
```

5.2.1절에서 다룬 이더리움 미니 월렛에서 이더를 송금할 때 사용한 sendTransaction( ) 함수입니다. sendTransaction( )은 블록체인에 영향을 주는 함수들에 자동으로 사용되고, 블록체인에 영향을 주기 때문에 gas를 수수료로 지불합니다. addCancidate( ) 함수는 sendTransaction( )이 생략되어 있으므로 47행과 같이 {from, to, value, gas} 옵션을 사용할 수 있습니다. {to} 옵션은 컨트랙트의 주소이므로 생략할 수 있고, value 또한 송금하는 ETHER가 0이므로 생략할 수 있지만, {from} 옵션은 수수료가 나가는 계좌를 지정하는 것이기 때문에 생략할 수 없습니다. 37행의 vote( )함수 또한 sendTransaction( )이 생략되어 있지만, 29행에서 web3.eth.defaultAccount를 사용하여 수수료를 지불할 계좌를 지정하여 {from} 옵션을 생략했습니다.

gas를 지불하는 계좌는 다음과 같은 두 가지 방법으로 지정할 수 있습니다.

① sendTransaction({from: address})를 이용하는 방법

sendTransaction({from: address }, ...) 예) [예제 1] 53행

② web3.eth.defaultAccount를 사용하는 방법

web3.eth.defaultAccount = address;  예) [예제 3] 28행

이 경우 sendtransaction()의 transactionObject을 생략할 수 있습니다.

예) [예제 3] 47행


솔리디티 언어에서 constant returns 키워드가 붙어 있는 함수는 블록체인의 상태에 영향을 미치지 않습니다. 블록체인에 저장된 값을 받아오는 함수이므로 gas를 지급할 필요가 없습니다. gas를 지급하는 계좌를 지정하는 web3.eth.defaultAccount나 계좌와 비밀번호를 입력하여 잠금을 해제하는 web3.personal.unlockAccount()를 사용할 필요가 없습니다.

다음과 같은 실행 결과가 출력되면 제대로 실행된 것입니다.

[실행 결과]

# [연습문제 2]

1. [예제 2]에서 후보를 삭제하는 deleteCandidate( ) 함수를 추가하고 [예제 3]의 '후보 추가하기' 버튼 옆에 '후보 삭제하기' 버튼을 구현해 봅시다. (해당 후보에게 투표한 사람의 투표할 권리를 돌려줄 필요는 없습니다.)

※ delete candidateList[i]; (i번째 엘레멘트를 삭제)

# 5.4 블록체인을 이용한 슬롯머신

블록체인은 신뢰성이 높고 견고하므로 블록체인을 활용한 도박에서는 도박 사기의 염려가 없습니다. 덕분에 도박 사업은 가상화폐 시장에서 이루어지는 가장 큰 비즈니스입니다. 물론 도박은 사행성을 조장하므로 그리 권장하는 활용 방안은 아니지만, 이번 절에서는 단지 스마트 컨트랙트를 학습하는 예제로써 슬롯머신을 만들어 보겠습니다.

## 5.4.1 컨트랙트 만들기

[예제 4]는 슬롯머신을 만들기 위한 컨트랙트 코드입니다.

[예제 4]

```
1   pragma solidity ^0.4.11;

2

3   contract slot{

4       address owner;

5       uint gameNumber;

6       struct game{
```

```solidity
7        address player;
8        bool win;
9        uint bettingAmount;
10       uint gameResult;
11       uint reward;
12       uint blockNumber;
13     }
14     game[] public games;
15     event sendResult(address player, bool win, uint amount, uint8 n1,
                        uint8 n2, uint8 n3);
16
17     function slot() payable {
18         owner=msg.sender;
19     }
20
21     // 배팅을 하는 함수입니다.
22     function bet() payable {
23         // jackpot = 64
24         if (this.balance < msg.value * 64 )
25             revert();
26
27         bool win=false;
28         uint gameResult = uint(block.blockhash(block.number-1)) % 1000;
29         uint n1 = gameResult / 100;          // 백의 자리
30         uint n2 = (gameResult % 100) / 10;  // 십의 자리
31         uint n3 = gameResult % 10;           // 일의 자리
32
33         uint reward = msg.value;
```

```
34        if(n1 == n2) {reward = reward * 4; win = true;}
35        if(n2 == n3) {reward = reward * 4; win = true;}
36        if(n1 == n3) {reward = reward * 4; win = true;}
37
38        if(win)
39            msg.sender.transfer(reward);
40        else
41            reward=0;
42
43        sendResult(msg.sender, win, reward, n1, n2, n3);
44        games.push(game(msg.sender, win,msg.value, gameResult,
                       reward, block.number));
45    }
46
47    // 컨트랙트를 삭제합니다.
48    function killcontract() {
49        if(owner == msg.sender)
50            selfdestruct(owner);
51    }
52
53    function bat() payable { }
54 }
```

17행에 payable을 추가하였습니다. payable을 추가하지 않으면 컨트랙트를 등록할 때 이더를 송금할 수 없습니다. payable을 테스트하기 위해 53행에 bat이라는 함수를 작성하였습니다. bat()을 이용하여 송금 동작을 확인해 봅시다.

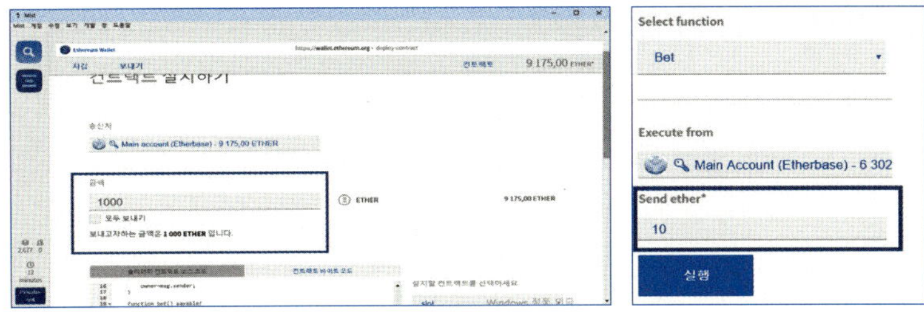

[그림 5] 이더 송금

28행에서 난수 생성 방법으로 블록 해시를 사용했습니다. 하지만 이것은 완벽한 랜덤은 아니고 실제로 블록 해시를 예측하는 웹사이트도 있다고 합니다. 도박 관련 컨트랙트는 Oraclize API(http://github.com/oraclize/ethereum-api/)가 사용됩니다.

Oraclize API는 약 1000줄의 코드를 가지고 있습니다. 길다고 생각하면 길지만 안전한 난수 생성을 위해 도박 관련 컨트랙트 중에 전체 코드를 컨트랙트에 붙여넣기 하여 사용하는 사례가 있습니다. [그림 6]과 같이 상속하여 사용이 가능합니다.

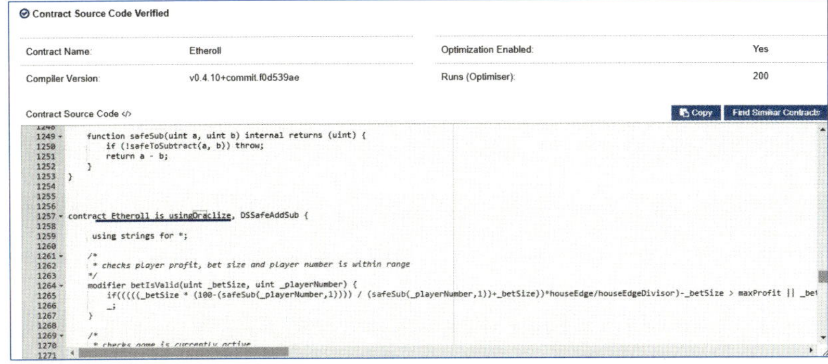

[그림 6] Oraclize API를 상속하여 사용하는 화면

# 5.4.2 HTML 파일 만들기

다음은 슬롯머신의 HTML 파일입니다.

[예제 5]

```
1   <!Doctype html>

2   <html>

3   <head>

4   <meta charset="UTF-8">

5   <script type="text/javascript" src="./lib/bignumber.min.js"></script>

6   <script type="text/javascript" src="./lib/web3-light.js"></script>

7   <script type="text/javascript">

8       var Web3 = require('web3');

9       var web3 = new Web3();

10      web3.setProvider(new web3.providers.HttpProvider("http://163.152.161.111:8545"));

11      var contract = web3.eth.contract([{"constant": false, "inputs": [], "name":
        "bet", "outputs": [], "payable": true, "type": "function"}, {"constant": true,
        "inputs": [{"name": "", "type": "uint256"}], "name": "games", "outputs":
        [{"name": "player", "type": "address", "value": "0x"}, {"name": "win", "type":
        "bool", "value": false}, {"name": "betting_amount", "type": "uint256", "value":
        "0"}, {"name": "game_result", "type": "uint256", "value": "0"}, {"name":
        "reward", "type": "uint256", "value": "0"}, {"name": "blockNumber", "type":
        "uint256", "value": "0"}], "payable": false, "type": "function"}, {"constant":
        false, "inputs": [], "name": "killcontract", "outputs": [], "payable": false,
        "type": "function"}, {"inputs": [], "payable": true, "type": "constructor"},
        {"anonymous": false, "inputs": [{"indexed": false, "name": "player", "type":
        "address"}, {"indexed": false, "name": "win", "type": "bool"}, {"indexed":
        false, "name": "amount", "type": "uint256"}, {"indexed": false, "name": "n1",
        "type": "uint256"}, {"indexed": false, "name": "n2", "type": "uint256"},
        {"indexed": false, "name": "n3", "type": "uint256"}], "name": "sendResult",
        "type": "event"}]).at("0xD892103296CDE8D21186e19619F47De5f8E553eb");
```

```javascript
12
13      // 이벤트를 감지합니다.
14      var event = contract.sendResult();
15      event.watch(function(err, result) {
16
17        if(err) {
18            console.log(err)
19            return;
20        }
21
22        var amount=web3.fromWei(result.args.amount.toNumber(),"ether");
23        document.getElementById('first').innerHTML = result.args.n1.toNumber();
24        document.getElementById('second').innerHTML = result.args.n2.toNumber();
25        document.getElementById('third').innerHTML = result.args.n3.toNumber();
26        if(result.args.win) {
27            message('축하드립니다! ' + amount + 'ETHER를 얻었습니다.');
28        }
29        else
30            message('다음기회를 이용해주세요.');
31
32        refreshBalance();
33      });
34
35    function message($mes) {
36        document.getElementById('messages').innerHTML = $mes;
37    }
38
39    function refreshBalance() {
```

```
40        var address= document.getElementById('address').value;

41        document.getElementById('balance').innerText =
          = web3.fromWei(web3.eth.getBalance(address).toNumber(), "ether") + "ETHER";

42     }

43

44    function spin() {

45        var address = document.getElementById('address').value;

46        var amount = web3.toWei(document.getElementById('bet_amount').value,
                  "ether");

47        web3.eth.defaultAccount = address;

48

49        if(web3.personal.unlockAccount(address,
             document.getElementById('pass').value)) {

50          contract.bet({value:amount, gas:2000000},function(err,result) {

51

52              if(!err) {

53                  message('결과를 기다리는 중입니다.');

54              }

55              else

56                  message(err);

57          });

58        }

59

60        message('wait... ');

61     }

62  </script>

63  <style>

64     body {

65        text-align: center;
```

```css
66        background-color: black;
67    }
68    input, select {
69        padding: 6px 10px;
70        margin: 4px 0;
71        display: inline-block;
72        border: 1px solid #3CBC8D;
73        border-radius: 4px;
74        box-sizing: border-box;
75    }
76    input[type=button] {
77        border: none;
78        border-radius: 4px;
79        border: 1px solid #3CBC8D;
80        cursor: pointer;
81    }
82    input[type=button]:hover {
83        background-color: #45a049;
84    }
85    p, a {
86        color: #3CBC8D;
87        font-weight: 12px;
88    }
89    .title {
90        font-size: 50px;
91        text-align: center;
92    }
93    #machine {
94    text-align: center;
```

```
95        }
96    </style>
97    </head>
98    <body>
99    <p class="title"> ETH Slots </p>
100   <p class="login">
101      ID:
102      <input type="text" id="address"
           value="0x68be1FC081c3dc08cA733608318056e45C0BCdcE">
103      Pass:
104      <input type="password" id="pass" value="1234">
105      <input type="button" value="잔고확인" onClick="refreshBalance()">
106   </p>
107   <div id="machine">
108      <svg width="550" height="250" viewBox="0 0 1600 500">
109      <rect x="0" y="10" width="500" height="500" fill="black"
           stroke="white" stroke-width="10">
110      </rect>
111      <rect x="550" y="10" width="500" height="500" fill="black"
           stroke="white" stroke-width="10">
112      </rect>
113      <rect x="1100" y="10" width="500" height="500" fill="black"
           stroke="white" stroke-width="10">
114      </rect>
115      <text x="100" y="415" font-family="courier" font-size="500"
           fill="#3CBC8D" id="first"> 0 </text>
116      <text x="650" y="415" font-family="courier" font-size="500"
           fill="#3CBC8D" id ="second"> 0 </text>
117      <text x="1200" y="415" font-family="courier" font-size="500"
           fill="#3CBC8D" id="third"> 0 </text>
```

```
118        </svg>
119    </div>
120    <p>
121        <select id="bet_amount">
122            <option> 0.2 </option>
123            <option> 0.4 </option>
124            <option> 0.6 </option>
125            <option> 0.8 </option>
126            <option> 1.0 </option>
127        </select>
128        <input type="button" value="Spin" onClick="spin()">
129    </p>
130    <p id="balance">0</p>
131    <p id="messages"></p>
132    </body>
133    </html>
```

앞 절의 [예제 4]에서 15행과 43행을 살펴보면 배팅의 결과로 sendResult 이벤트가 발생합니다.

```
event sendResult(address player, bool win, uint amount, uint8 n1, uint8 n2, uint8 n3);
```

[그림 7] [예제 4]의 sendResult 이벤트

솔리디티의 sendResult 이벤트는 HTML 페이지에서 다음과 같은 방식으로 감지할 수 있습니다.

```
var event = contract.sendResult();
event.watch(function(err, result) { …
    result.args.player
    result.args.win
    result.args.amount.toNumber()
    result.args.n1.toNumber()
    result.args.n2.toNumber()
    result.args.n3.toNumber()
}
```

[그림 8] HTML에서 sendResult 이벤트를 감지하는 예

uint형은 toNumber()로 값을 보기 편하게 바꿀 수 있습니다. 실행하면
다음과 같은 화면이 출력됩니다.

[실행 결과]

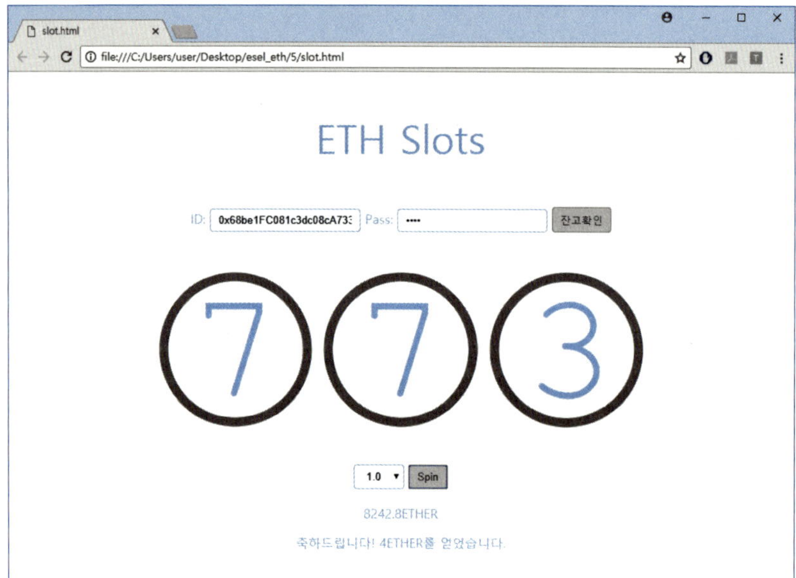

## Mist 브라우저의 [컨트랙트] 항목을 어떻게 청소할 수 있을까요?

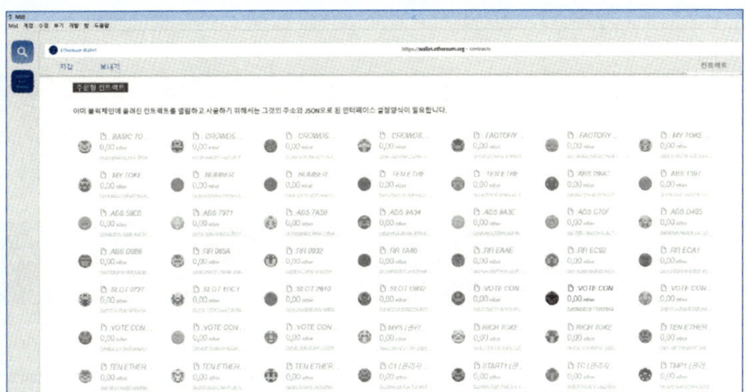

Windows 사용자를 기준으로 아래 폴더를 삭제하면 됩니다.

C:\Users\user\AppData\Roaming\Mist\

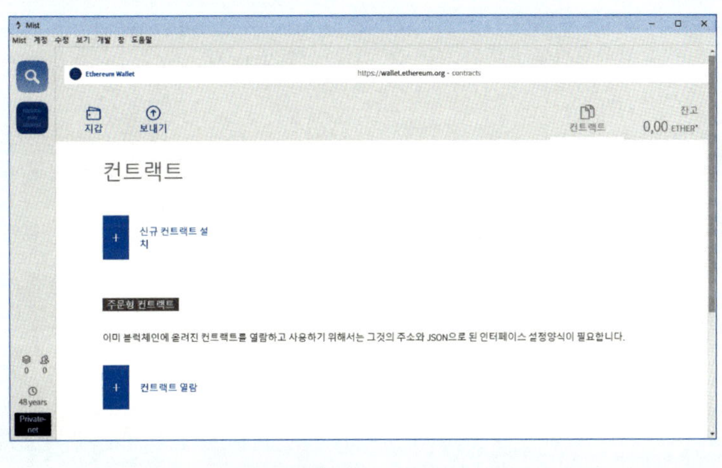

# [연습문제 3]



1. 예제를 수정하여 계좌주소마다 총 베팅 금액을 저장하여 누적 베팅 금액을 화면에 표시하세요. 누적 베팅 금액에 따라 회원 등급을 만들어서 화면에 표시해 보세요.

| 베팅금액<br>(ether) | < 10 | < 50 | < 100 | < 1000 | < |
|---|---|---|---|---|---|
| 회원등급 | bronze | silver | gold | platinum | diamond |

# 5.5 ICO(Initial Coin Offering)

ICO(Initial Coin Offering)는 신규 가상 화폐공개의 약자로 블록체인 기반의 투자금을 모집하는 방법입니다. ICO를 통한 투자금은 주로 비트코인이나 이더리움을 받고 프로젝트를 시작하기 위한 자본금으로 사용됩니다. ICO는 2013년 마스터코인으로 시작되었지만 이더리움이 2014년 1억 8,900만 달러의 판매를 해서 큰 성공을 거두면서 유명해집니다.

[그림 9] 이더리움 ICO

이더리움 ICO는 [그림 9]와 같이 온라인에서 공개적으로 토큰(코인)을 판매합니다. 투자금으로는 비트코인을 받았습니다. 그리고 각각의 구매자에게 구매한 양만큼 이더를 지급하는 제네시스 블록을 생성했습니다.

ICO는 IPO(Initial Public Offering : 신규 주식공개)나 크라우드 펀딩(Crowd Funding)과 비슷한 성질을 지닙니다. 높은 수익률을 기대할 수 있는 반면 투자의 위험성도 존재합니다. 또한, 사기의 위험이 있기 때문에 미국의 경우 DAO token ICO의 해킹 사건으로 ICO가 미국 증권 규제를 적용받아야 한다는 판례를 남겼습니다. 또한, 2017년 9월 29일에 대한민국은 중국에 이어 두 번째로 ICO가 금지된 국가가 되었습니다.

이더리움의 스마트 컨트랙트로 토큰을 발행할 수 있습니다. [그림 10]은 이더리움 내부에서 만들어진 코인 중에 성공적으로 거래 중인 토큰입니다.

| | | Token Information | Price | %Change | MarketCap |
|---|---|---|---|---|---|
| 1. | | OmiseGO<br>OmiseGO (OMG) is a public Ethereum-based financial technology for use in mainstream digital wallets | $9.1430<br>0.00191475 Btc<br>0.030271 Eth | ▲17.57% | $898,868,802 |
| 2. | | Qtum<br>Build Decentralized Applications that Simply Work Executable on mobile devices, compatible with major existing blockchain ecosystem | $12.0732<br>0.0025284 Btc<br>0.039972 Eth | ▲1.83% | $712,318,800 |
| 3. | | MKR - Maker<br>Maker is a Decentralized Autonomous Organization that creates and insures the dai stablecoin on the Ethereum blockchain | $247.2285<br>0.0519075862 Btc<br>0.818529 Eth | -- | $247,228,511 |
| 4. | | EOS<br>Infrastructure for Decentralized Applications | $0.5541<br>0.00011605 Btc<br>0.001835 Eth | ▼-2.45% | $220,727,112 |
| 5. | | TenXPay<br>TenX connects your blockchain assets for everyday use. TenX's debit card and banking licence will allow us to be a hub for the blockchain ecosystem to connect for real-world use cases | $2.0669<br>0.00043286 Btc<br>0.006843 Eth | ▲9.64% | $216,327,601 |

[그림 10] 이더리움 코인 시장[4]

이더리움 내부에서 만들어진 토큰은 실제로 거래가 이루어지며 전체 이더리움 시장의 약 15% 규모를 형성하고 있습니다.

4) https://etherscan.io/, 2017.10.11

이번 절에서는 이더리움 기반의 코인을 만들어 판매하는 ICO를 만들어 봅시다. 하지만 그 전에 간단한 토큰 예제를 살펴보면서 먼저 토큰에 대해 알아보겠습니다.

## 5.5.1 SimpleToken

간단한 토큰 예제인 SimpleToken입니다.

[예제 6]

```solidity
1   pragma solidity ^0.4.11;
2
3   contract SimpleToken {
4       address owner;
5
6       // 미스트 브라우저가 토큰을 인식하게 만드는 변수들
7       string public constant name = "Simple Token";
8       string public constant symbol = "ST";
9       uint8 public constant decimals = 0;
10
11      // 계좌가 가지고 있는 토큰의 양
12      mapping (address => uint) public balanceOf;
13
14      event Transfer(address from, address to, uint value);
15
```

```
16    function transfer(address _to, uint _value) {
17        address _from = msg.sender;
18        require(_to != address(0));
19        require(balanceOf[_from] >= _value);
20        balanceOf[_from] -= _value;
21        balanceOf[_to] += _value;
22        Transfer(_from, _to, _value);
23    }
24
25    function SimpleToken() {
26        balanceOf[msg.sender] = 1000000000000000;
27    }
28
29    function killcontract() {
30        if(owner == msg.sender)
31            selfdestruct(owner);
32    }
33 }
```

[예제 6]의 SimpleToken을 배포하면 여러분이 만든 이더리움 기반 토큰을 Mist 브라우저가 인식하게 할 수 있습니다. 그러면 다음과 같은 Mist의 유용한 기능을 사용할 수 있습니다. 토큰을 인식하게 하려면 name, symbol, decimals를 지정하고, transfer()와 Transfer 이벤트를 만들어야 합니다.

[그림 11] 계좌에 SimpleToken이 등록된 화면

첫 번째로 계좌에서 등록된 토큰을 확인할 수 있습니다. [그림 11]은 각각의 변수를 다음과 같이 설정한 경우입니다.

```
name = Simple Token

symbol = ST

decimals = 0
```

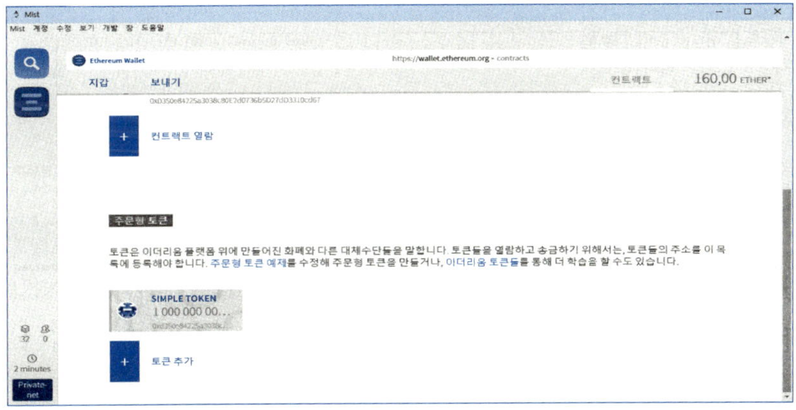



[그림 12] 등록한 토큰 생성

두 번째로 [그림 12]처럼 주문형 토큰에서 등록한 토큰이 생성됩니다.

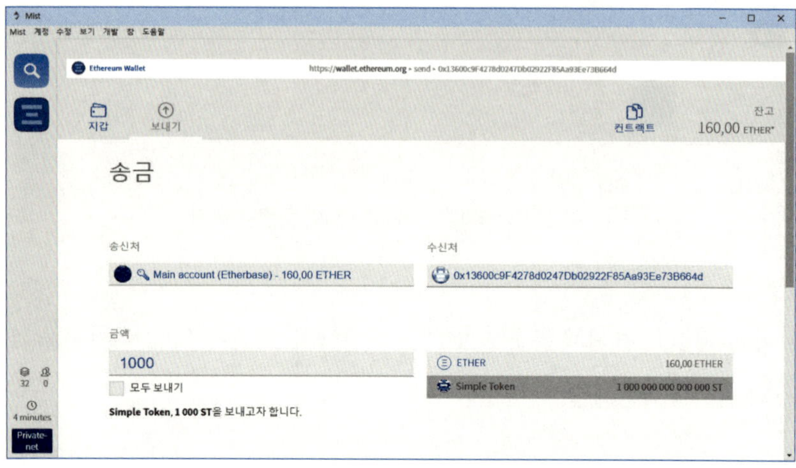

[그림 13] 토큰 송금

세 번째로 [그림 13]처럼 이더 대신 토큰을 송금할 수 있습니다.

그럼 실제로 토큰을 구현해 봅시다. 우리가 만들 토큰은 Rich Token입니다.

[예제 7]

```
1   pragma solidity ^0.4.11;
2
3   contract RichToken {
4       address owner;
5       string public constant name = "Rich Token";
6       string public constant symbol = "RT";
```

```solidity
    uint8 public constant decimals = 0;

    address public icoAddress;          // ICO의 주소
    mapping (address => uint) public balanceOf;

    event Transfer(address from, address to, uint value);

    function transfer(address _to, uint _value) {
        address _from = msg.sender;
        require(_to != address(0));   // 주소를 입력하지 않은 경우의 예외 처리
        require(balanceOf[_from] >= _value);    // 잔고가 부족한 경우의 예외 처리

        balanceOf[_from] -= _value;
        balanceOf[_to] += _value;
        Transfer(_from, _to, _value);
    }

    function RichToken(address _icoAddress) {
        owner = msg.sender;
        icoAddress = _icoAddress;
        ICO cs = ICO(icoAddress);
        require(cs.getDeadline() < now);

        for(uint i = 0; i < cs.getIndex(); i++) {
            balanceOf[cs.getInvestor(i)] = cs.getTokens(cs.getInvestor(i));
        }
```

```
33      }
34
35      function killcontract() public {
36          if(owner == msg.sender) selfdestruct(owner);
37      }
38  }
39
40  contract ICO {
41      mapping (uint => address) investor;
42      mapping (address => uint) public amountInvested;
43
44      address public owner;
45      uint index;
46      uint public constant exchangeRate = 1000;
47      uint public salesStatus;
48      uint deadline;
49
50      function getIndex() constant returns(uint) {
51          return index;
52      }
53
54      function getInvestor(uint i) constant returns(address) {
55          return investor[i];
56      }
57
58      function getDeadline() constant returns(uint) {
```

```
59          deadline;
60      }
61
62      function getNow() constant returns(uint) {
63          return now;
64      }
65
66      function getStart() constant returns(uint) {
67          return start;
68      }
69
70      function getTokens(address _investor) constant returns(uint) {
71          return amountInvested[_investor] * exchangeRate;
72      }
73
74      function ICO(uint salesMinutes) {
75          owner = msg.sender;
76          deadline = now + salesMinutes * 1 minutes;
77      }
78
79      function invest() payable {
80          require(now < deadline);
81
82          if(amountInvested[msg.sender] == 0) {
83              investor[index] = msg.sender;
84              index++;
```

```solidity
85          }

87          amountInvested[msg.sender] += msg.value;

88          salesStatus += msg.value;

89      }

91      function withdraw(uint amount) {      // 판매가 끝나면 투자된 이더를 출금합니다.

92          if(now > deadline && msg.sender == owner) {

93              msg.sender.transfer(amount);

94          }

95      }

96  }
```

ICO에서 Rich Token을 공개 판매한 후, 판매 기간이 종료되면 Rich Token을 등록하여 구매자(투자자)에게 토큰을 제공하는 형식입니다.

24행부터 33행은 Rich Token의 생성자로 컨트랙트가 생성될 때 입력받은 주소를 가진 ICO 컨트랙트의 정보를 받아옵니다. 그동안 Web3 API를 통해 constants returns를 갖는 블록체인의 데이터들을 gas 없이 손 쉽게 가져올 수 있었던 것처럼 다른 컨트랙트의 정보를 가져올 수 있습니다. 28행에서 판매가 마감되지 않았다면, 즉 최신 블록의 time stamp가 마감시간을 넘었다면 예외 처리합니다. 30행과 31행에서 ICO 컨트랙트의 정보를 읽어서 투자자에게 토큰을 지급합니다.

74행부터 77행은 ICO 컨트랙트의 생성자로 판매 기간을 설정하면 최신 블록의 타임스탬프 + 판매 기간 × 분으로 판매 마감 시간을 결정합니다. 이 부분이 기억이 나지 않는다면 4. 5. 1. 2절의 시간 단위를 참고하세요.

이 스마트 컨트랙트를 Mist에서 실행해 봅시다.

[실행결과]

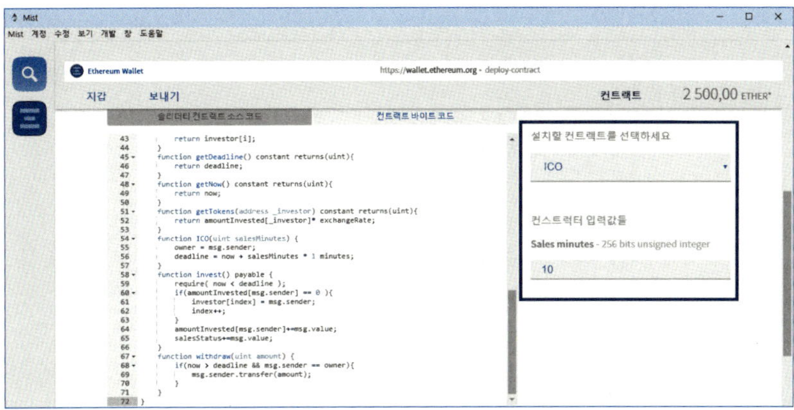

컨트랙트가 블록체인에 배포되었다면 [그림 14]처럼 Account 2에서 100 ether를, 그리고 Account 3에서 50 ether를 투자해 보겠습니다.

[그림 14] Account 2의 100 ether 투자

투자를 완료하고 판매 기간이 종료되면 [그림 15]처럼 ICO의 주소를 복사하여 RichToken 컨트랙트를 블록체인에 등록해 봅시다.

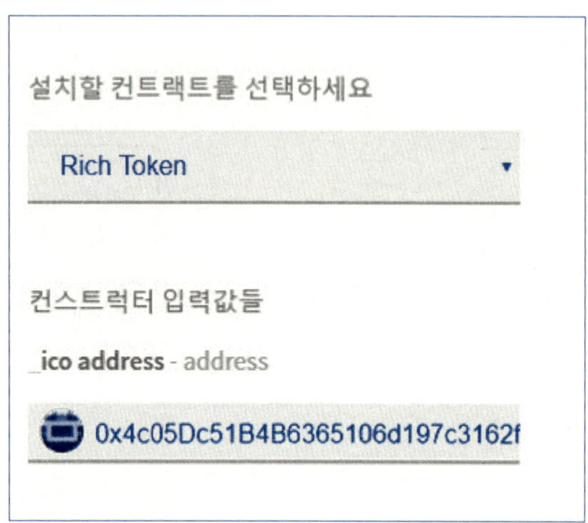


[그림 15] RichToken 컨트랙트 등록

성공적으로 컨트랙트가 등록되었다면 [그림 16]과 같이 Rich Token이 발행된 것을 확인할 수 있습니다.

[그림 16] Rich Token 발행 확인

# 5.5.2 HTML 파일 만들기

마지막 예제입니다. ICO의 HTML 페이지를 만들어 봅시다.

[예제 8] ico.html

```html
1   <!DOCTYPE html>
2   <html>
3   <meta charset="UTF-8">
4   <meta name="viewport" content="width=device-width, initial-scale=1">
5   <script type="text/javascript" src="./lib/bignumber.min.js"></script>
6   <script type="text/javascript" src="./lib/web3-light.js"></script>
7   <link rel="stylesheet" href="https://www.w3schools.com/w3css/4/w3.css">
8   <link rel="stylesheet" href="https://fonts.googleapis.com/css?family=Roboto">
9   <link rel="stylesheet" href="https://fonts.googleapis.com/css?family=Lato">
10  <script type="text/javascript">
11      // ico html 디자인에 google font와 w3 css를 사용했습니다.
12      var Web3 = require('web3');
13      var web3 = new Web3();
14      web3.setProvider(new web3.providers.HttpProvider("http://163.152.161.111:8545"));
15      var contractAddress = '0x1bf5681958901541bfe08Dd9d93B02B9174fED2b';
16      var contract = web3.eth.contract([{"constant": false, "inputs":
        [{"name": "amount", "type": "uint256"}], "name": "withdraw",
        "outputs": [], "payable": false, "type": "function"}, {"constant":
        true, "inputs": [], "name": "salesStatus", "outputs": [{"name": "",
        "type": "uint256", "value": "0"}], "payable": false, "type":
        "function"}, {"constant": true, "inputs": [], "name": "exchangeRate",
        "outputs": [{"name": "", "type": "uint256", "value": "1000"}], "payable":
```

```javascript
       false, "type": "function"}, {"constant": true, "inputs": [{"name":
       "", "type": "address"}], "name": "amountInvested", "outputs":
       [{"name": "", "type": "uint256", "value": "0"}], "payable": false,
       "type": "function"}, {"constant": true, "inputs": [{"name": "_
       investor", "type": "address"}], "name": "getTokens", "outputs":
       [{"name": "", "type": "uint256", "value": "0"}], "payable": false,
       "type": "function"}, {"constant": true, "inputs": [], "name":
       "getDeadline", "outputs": [{"name": "", "type": "uint256", "value":
       "1507698864"}], "payable": false, "type": "function"}, {"constant":
       true, "inputs": [], "name": "getIndex", "outputs": [{"name": "",
       "type": "uint256", "value": "0"}], "payable": false, "type":
       "function"}, {"constant": true, "inputs": [], "name": "owner",
       "outputs": [{"name": "", "type": "address", "value": "0x5980b91374ada
       09e67f318d973ffeb5cc3d88495"}], "payable": false, "type": "function"},
       {"constant": true, "inputs": [], "name": "getNow", "outputs":
       [{"name": "", "type": "uint256", "value": "1507691664"}], "payable":
       false, "type": "function"}, {"constant": true, "inputs": [], "name":
       "getStart", "outputs": [{"name": "", "type": "uint256", "value":
       "1507691664"}], "payable": false, "type": "function"}, {"constant":
       true, "inputs": [{"name": "i", "type": "uint256"}], "name":
       "getInvestor", "outputs": [{"name": "", "type": "address", "value":
       "0x0000000000000000000000000000000000000000"}], "payable": false,
       "type": "function"}, {"constant": false, "inputs": [], "name":
       "invest", "outputs": [], "payable": true, "type": "function"},
       {"inputs": [{"name": "salesMinutes", "type": "uint256", "index": 0,
       "typeShort": "uint", "bits": "256", "displayName": "sales Minutes",
       "template": "elements_input_uint", "value": "120"}], "payable":
       false, "type": "constructor"}]).at(contractAddress);

17
18     var startTime = new Date(contract.getStart() * 1000);
19     var deadline = new Date(contract.getDeadline() * 1000);
20     var nowInBlockchain = new Date(contract.getNow() * 1000);
21
22     function invest() {
```

```javascript
    var amount = web3.toWei(document.getElementById('amount').value, "ether");

    var address = document.getElementById('address').value;

    web3.eth.defaultAccount = address;


    if(web3.personal.unlockAccount(address,
        document.getElementById('pass').value)) {

    {

        contract.invest({value:amount, gas:2000000}, function(err, result) {

            if(!err) {

                message('구입이 완료되었습니다.');

            }

            else

                message(err);

        });

    }


    message('wait... ');
}

function message($mes) {

    document.getElementById('messages').innerHTML = $mes;

}


function init() {

    resetGraph();

    document.getElementById('salesStart').innerText = startTime;
```

```javascript
48      document.getElementById('deadline').innerText = deadline;

49      document.getElementById('totalSaleVolume').innerText
        = contract.salesStatus() + 'RT';

50

51      document.getElementById('toEther').innerText
        = '(' + web3.fromWei(web3.eth.getBalance(contractAddress),
        "ether") + 'ETHER)';

52    }

53

54  function resetGraph() {

55      var bar = document.getElementById('progressBar');

56      var durationTime = contract.getDeadline() - contract.getStart();

57      var progress = contract.getNow() - contract.getStart();

58      var percent = Math.round(progress / durationTime * 100);

59

60      if(percent >= 100) {

61          bar.style.width = '100%';

62          bar.innerHTML='판매가 종료되었습니다.';

63      }

64      else {

65          bar.style.width = percent + '%';;

66          bar.innerHTML = percent + '%';;

67      }

68    }

69

70  setInterval(function() {init();}, 3000);

71
```

```html
72  </script>

73  <style>

74  body {font-family: "Roboto"; letter-spacing: 7px;}

75  .times {letter-spacing: 0px;}

76  .panel{margin-top:16px;margin-bottom:16px; text-align:center; opacity:0.60;}

77  .panel2{margin-top:16px;margin-bottom:16px; float:right; right: 20%; position:
    relative; text-align:center; opacity:0.72; width:60%}

78  input {padding: 3px 4px; margin: 4px 0; display: inline-block;
            border: 1px solid #3CBC8D; border-radius: 4px;
            box-sizing: border-box; text-align: center;}

79  input[type="number"] {width:100px;}

80  </style><body>

81  <header class="panel" style="padding:156px">

82      <h1>Rich Token</h1>

83      <h1>Initial Coin Offering</h1>

84  </header>

85  <div class="w3-row-padding w3-center w3-margin-top">

86      <div class="w3-half">

87          <div class="w3-card-2 w3-container" style="min-height:360px">

88          <h3>ICO 일정</h3><br>

89          <div class="w3-light-grey w3-round-large">

90              <div id="progressBar" class="w3-container w3-blue w3-round-large"
                    style="width:25%">25%</div>

91          </div><br>

92          <h4>판매 시작:</h4>

93          <h5 class="times" id="salesStart">0</h5>

94          <h4>판매 종료:</h4>
```

```
 95            <h5 class="times" id="deadline">0</h5>
 96        </div>
 97    </div>
 98    <div class="w3-half">
 99        <div class="w3-card-2 w3-container" style="min-height:360px;
           word-wrap:break-word; word-break:break-all;">
100            <h3> 총 RT 판매량</h3><br>
101            <h1 id="totalSaleVolume">0 RT</h1>
102            <p id="toEther">0 ETHER</p>
103        </div>
104    </div>
105    <header class="panel" style="padding:96px">
106        <h2>1 ETH = 1000000000000000000000 RT</h2>
107        <h1>부자가 된 기분을 느끼세요!</h1>
108        <h1>지금이 기회입니다.</h1>
109    </header>
110    <div class="w3-row-padding w3-center w3-margin-top">
111        <div class="panel2">
112            <div class="w3-card-2 w3-container" style="min-height:360px">
113                <h1>Rich Token 구입하기</h1>
114                <p class="login">
115                ID: <input type="text" id="address"
                       value="0x5980b91374ADA09E67f318D973FFEB5cC3d88495">
116                Pass: <input type="password" id="pass" value="1234"><br><br>
117                <h3>투자할 ETH:<input type="number" id="amount" value="100"></h3>
118                <h4> <input type="button" value="구매" onClick="invest()"></h4>
```

```
119          <br>
120          <h4 id="messages"></h4>
121          </p></p>
122       </div>
123     </div>
124  </div>
125  <script>init();</script>
126  </body>
127  </html>
```

ico.html의 디자인은 w3school.com의 w3.css를 참조하였습니다.

이더리움은 밀리 초를 고려하지 않는 UNIX 타임스탬프를 사용하기 때문에 자바스크립트의 Date를 사용하여 보기 편한 시간으로 바꾸려면 밀리 초를 고려하는 타임스탬프로 바꿔야 하고 18행에서 20행처럼 1000을 곱하는 과정이 필요합니다.

실행하면 다음과 같은 화면이 출력될 것입니다.



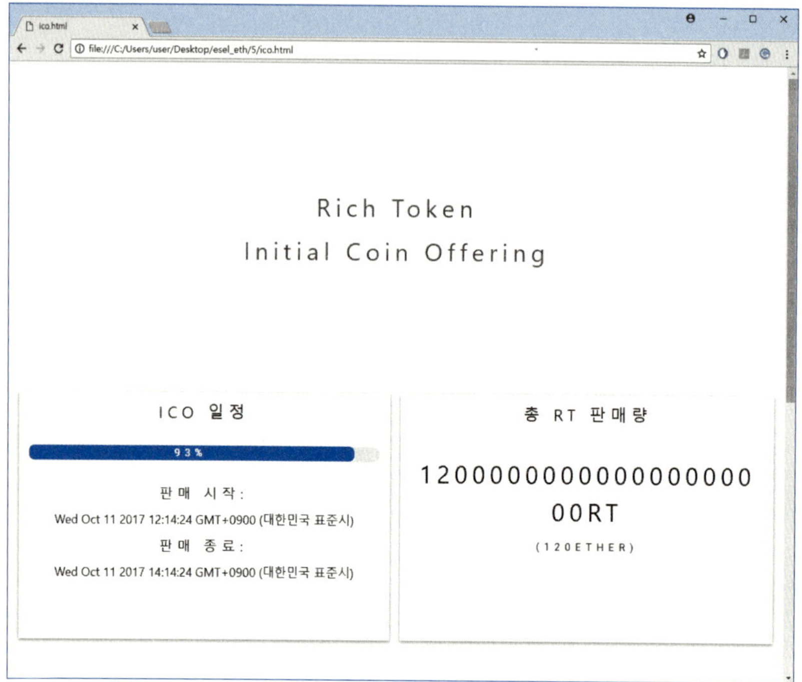

1. [예제 1]을 수정하여 Token Wallet을 만들어 보세요.

2. [예제 4]와 [예제 5]를 수정하여 Token을 사용하는 슬롯머신을 만들어 보세요.

# 5.6 이더리움 베이직을 마치며

이것으로 이번 장을 마칩니다. 오픈소스인 이더리움은 아직도 진화하고 있고, 지금 이 순간에도 다양한 예제가 만들어지고 있습니다. 모두 다루지 못한 점이 못내 아쉽습니다.

이제 여러분과 이별할 순간입니다. 저희는 이번 장을 마지막으로 이 책을 마무리 짓고자 합니다. 이더리움의 역사가 짧은 탓에 국내에서 스마트 컨트랙트의 작성을 다룬 책은 처음이었고, 외국에서조차도 출판된 서적이 오로지 한 권뿐이어서 매우 제한된 자료를 토대로 집필을 해야 했습니다. 그 안에서 어려움도 매우 많았지요. 실제로 본 책에서 다룬 수많은 예제는 대부분 필자들이 수많은 시행착오를 반복한 끝에 결과를 확인한 끝에 수록한 예제들입니다. 어려움이 많았지만 무사히 집필을 마무리 짓고 지식을 전달할 수 있었다는 점에서 다행이라는 생각을 합니다. 그동안 예제를 따라하며 공부하느라 수고 많으셨고, 다시 한번 감사의 말씀을 드립니다. 수고하셨습니다!

※ 공부하시면서 궁금한 점이나 추가적인 요청사항은 아래의 블로그에 남겨주시면 감사하겠습니다.

※ 버전 업데이트에 대한 변경 사항은 블로그에 공지하였습니다.

http://ethereum-basic.tistory.com/

## 조수현(現 한국전자통신연구원 부설연구소 선임연구원)

前 삼성전자 무선사업부 선임연구원

고려대학교 대학원 컴퓨터전파통신공학과 박사수료

중앙대학교 산업창업경영대학원 경영학석사

인하대학교 대학원 컴퓨터정보공학과 공학석사

한남대학교 전자공학과 공학사

창의적소프트웨어 및 서비스 공모전 최우수상

ImagineCup 한국대표 선발전 소프트웨어디자인부문 3위

전국정보화능력개발경진대회 응용소프트웨어개발부문 2위

전국정보통신경진대회 교육용소프트웨어개발부문 대상 외 다수

## 이정빈(現 서울여자대학교 디지털미디어학과 초빙교수)

前 고려대학교 컴퓨터전파통신공학과 초빙강사

前 성신여자대학교 IT학부 초빙강사

고려대학교 대학원 컴퓨터학과 박사수료

고려대학교 대학원 컴퓨터학과 공학석사

조선대학교 컴퓨터학과 공학사

## 박재용

고려대학교 대학원 컴퓨터학과 석박사통합과정

고려대학교 컴퓨터학과 공학사

## 이대건

고려대학교 대학원 컴퓨터학과 석박사통합과정

고려대학교 컴퓨터학과 공학사

## 인호(現 고려대학교 컴퓨터학과 교수)

現 (사)한국블록체인학회 초대학회장

現 금융위원회 금융발전심의회 위원

現 ISO/TC-307 국제 블록체인 표준화기구 국가대표위원

現 한국블록체인오픈포럼 위원

現 신한은행 사외이사

現 금융보안원 금융보안 자문위원

現 한국핀테크협회 자문위원

現 서울시 블록체인 자문위원

現 고려대학교 KU-MAGIC 의료기기 단장

現 고려대학교 SW벤쳐 융합전공 주임교수

現 고려대학교 의과대학 겸임교수

前 고려대학교 무인자율 및 자가적응형 SW 센터장

前 고려대학교 컴퓨터정보통신대학원 부원장

前 고려대학교 정보통신대학 부학장

前 Texas A&M University 조교수

USC(University of Southern Califonia) 컴퓨터과학과 공학박사

고려대학교 대학원 전산과학과 이학석사

고려대학교 전산과학과 이학사

KBS 명견만리 "현금없는 쩐의 전쟁" 강사

Inside Bitcoin 2014, 2015 강사

세계지식포험(World Knowledge Forum) 2014 강사

그 외 국회 및 정부산하기관, 삼성, 포스코, GS, 한화, 신세계, KT, 현대, 한국은행, 신한/국민/우리은행 외 60여회 강연

ICRE(The International Conference on Requirements Engineering) 최우수논문상 및 10-year Most Influential Award

ICONI'09-11(The International Conference on Internet) 우수논문상

한국정보처리학회, 한국인터넷정보학회, 한국정보과학회 우수논문상

한국컴퓨터종합학술대회 우수논문상 외 다수

블록체인, 4차 산업혁명의 열쇠!

# 이더리움 베이직

스마트 컨트랙트 입문에서 DApp 구현까지

| | |
|---|---|
| 초판 1쇄 발행 | 2017년 11월 24일 |
| 초판 3쇄 발행 | 2018년 4월 13일 |

지 은 이 | 고려대학교 블록체인 연구회
　　　　　조수현 · 이정빈 · 박재용 · 이대건 · 인호 공저
펴 낸 이 | 박정태
편집이사 | 이명수　　　　　　　　　　　　감수교정 | 정하경
편 집 부 | 김동서, 위가연, 이정주
마 케 팅 | 조화묵, 박명준, 최지성　　　　온라인마케팅 | 박용대
경영지원 | 최윤숙

| | |
|---|---|
| 펴낸곳 | BOOK STAR |
| 출판등록 | 2006. 9. 8. 제 313-2006-000198 호 |
| 주소 | 파주시 파주출판문화도시 광인사길 161 광문각 B/D 4F |
| 전화 | 031)955-8787 |
| 팩스 | 031)955-3730 |
| E-mail | kwangmk7@hanmail.net |
| 홈페이지 | www.kwangmoonkag.co.kr |

| | |
|---|---|
| ISBN | 978-89-97383-47-4　13320 |
| 가격 | 19,000원 |